Apresentação

Num mundo em constante transformação, onde a correria do cotidiano nos afasta da conexão com a natureza e com nosso próprio eu interior, nunca foi tão importante resgatar a espiritualidade e a magia na nossa vida! O *Almanaque Wicca 2024* chega renovado, para conduzir você nessa jornada de descoberta, conectando-a com energias ancestrais e ensinamentos que transcendem o tempo, ao mesmo tempo que a coloca a par do que há de mais inovador e contemporâneo no mundo das práticas mágicas.

Nesta edição, você vai encontrar uma série de matérias inspiradoras para ativar essa conexão: os usos variados da magia dos aromas; o poder mágico de uma das árvores mais comuns do Brasil, a palmeira; a magia da dança do fogo; os poderosos feitiços de encruzilhada; as rezas e feitiços com ervas do *Hoodoo*, a magia de Nova Orleans, e muito mais! Além disso, nosso exclusivo Calendário Wicca de 2024 será seu guia constante, acompanhando-a mês a mês com informações sobre fases da Lua, eclipses e datas pagãs celebradas no mundo todo.

Não importa se você é uma praticante experiente ou está apenas começando a explorar o maravilhoso mundo da espiritualidade pagã. O Almanaque Wicca 2024 está aqui para iluminar seu caminho, proporcionando ferramentas e conhecimentos para que você possa viver uma vida mais plena e em sintonia com o cosmos.

Prepare-se para uma jornada mágica e transformadora. ☽✧

Denise Rocha

Sumário

Tabelas do Almanaque Wicca	3
Calendário Wicca de Janeiro a Dezembro de 2024	14
Conecte-se com seu Eu Divino	48
Como Equilibrar sua Vida com Magia	54
O Alfabeto das Bruxas	60
Talismãs, Amuletos e Encantamentos	68
Faça a sua Varinha Mágica	76
A Magia em Nossas Mãos	88
Magia com Palmeiras e Água de Coco	96
Magia com Pedras Encontradas na Natureza	104
A Magia dos Aromas	114
Magia da Dança do Fogo	122
Proteção contra Pesadelos	128
Comer, Rezar e Amar com o Hoodoo	135
Obeá: Bruxaria Afro-Caribenha	143
Boas-vindas à Menopausa	148
Magia Urbana e Feitiços de Encruzilhada	155
A Rede Wiccana	160

Tabelas do Almanaque Wicca

Nesta seção, você encontrará todas as tabelas sobre as influências mágicas que o ajudarão a compreender e utilizar melhor o Calendário 2024 do *Almanaque Wicca*.

Mudanças de horário

Todos os horários e datas dos fenômenos astrológicos deste Almanaque e do Calendário estão baseados no fuso horário da cidade de São Paulo (hora de Brasília). Se você mora numa região cujo fuso horário seja diferente, não se esqueça de fazer as devidas adaptações. Até o fechamento desta edição, o horário de verão em 2024, não foi confirmado.

Festivais e datas comemorativas

As datas de alguns festivais mais conhecidos são mencionadas no Calendário ao longo de todo o ano. As datas dos chamados Sabás Menores (Yule, Ostara, Litha e Mabon) dependem do início das estações, por isso podem variar de ano para ano. No caso dos Sabás Maiores (Samhain, Imbolc, Beltane e Lammas), prevalecem as datas em que eles costumam ser celebrados, segundo a tradição. O Calendário menciona as datas de todos os Festivais mais importantes, de acordo com o ciclo sazonal do Hemisfério Norte – indicado pela sigla (HN) – e do Hemisfério Sul – indicado pela sigla (HS). A decisão de celebrar os Festivais de acordo com o ciclo sazonal do Hemisfério Norte ou do Hemisfério Sul fica a critério do leitor. Podemos celebrar qualquer um desses sabás com muita beleza e simplicidade, com uma refeição em família ou acendendo uma vela. Veja na tabela a seguir, o significado de cada um dos festivais da Roda do Ano, as datas em que são celebrados em cada hemisfério.

Sabás	Datas	Significado	Alimentos e bebidas	Ervas e Flores	Ornamentos para o altar
Samhain	31/10 (HN) 1/05 (HS)	Festival dos Mortos, época em que o Deus desce ao mundo subterrâneo e aguarda o momento de renascer. Ano Novo das Bruxas	Suco de maçã com fibras, pão de abóbora, melão, moranga, milho, romãs	Artemísia, sálvia, crisântemos, cravos, losna alecrim, tomilho	Maçãs, fotos de entes queridos falecidos, folhas de outono, velas cor de laranja
Yule	21 ou 22/12 (HN) 21 ou 22/6 (HS)	Solstício de Inverno (HN), que marca o nascimento do Deus Sol, do ventre da Deusa	Gemada, chá com especiarias, pão com gengibre, bolos de frutas, biscoitos, frutas secas	Pinhas, azevinho, visgo, hera, cedro, louro, cravo-da-índia, alecrim, noz-moscada, canela, gengibre, mirra	Imagens solares, uma flor de bico-de-papagaio, sinos, pinhas
Imbolc	1 ou 2/2 (HN) 1 ou 2/8 (HS)	Época em que a Deusa se recupera do nascimento do Deus	Mel, passas, sopas, leite, queijo iogurte	Salgueiro, menta, endro, junípero	Sempre-vivas, quartzo transparente, flores e velas brancas, leite
Ostara	20 ou 21/3 (HN) 22 ou 23/9 (HS)	Equinócio Vernal ou de Primavera, quando o Deus se aproxima da maturidade e a fertilidade está presente nas flores e na vida selvagem	Ovos, mel, pães doces, sementes de girassol, saladas de folhas	Narciso, madressilva, violeta, peônia, jasmim, gengibre	Estatuetas ou imagens da vida que renasce, como pintinhos, coelhinhos, filhotes em geral.
Beltane	30/4 e 1/5 (HN) 31/10 e 1/11 (HS)	União simbólica entre o Deus e a Deusa, que geram uma nova vida, dando continuidade ao ciclo	Cerejas, morangos, sorvete de baunilha, biscoitos de aveia	Prímula, rosa, bétula, lilás	Imagens de borboleta, símbolo da transformação; flores frescas perfumadas, fitas coloridas, símbolos de união
Litha	20 a 22/6 (HN) 20 a 22/12 (HS)	Solstício de verão, quando o Deus está no seu apogeu, assim como o Sol. A Deusa está fecundada pelo Deus.	Suco de limão, pêssegos, damascos, laranjas, frutas silvestres, melancia	Girassol, camomila, margaridas, menta, erva-doce, tomilho	Fadas, símbolos solares, espelho, fitas ou contas douradas, flores cor de laranja

Sabás	Datas	Significado	Alimentos e bebidas	Ervas e Flores	Ornamentos para o altar
Lammas	1 ou 2/8 (HN) 1 ou 2/2 (HS)	Início da colheita. Deus começa a perder a força, mas também está vivo no ventre da Deusa	Pão de milho, pão de centeio, bolachas integrais, sucos de frutas vermelhas	Grãos, flores de acácia, mirtilo, papoulas, sândalo, gengibre	Girassóis, milho, grãos, pipoca, saches de ervas aromáticas
Mabon	22 ou 23/9 (HN) 20 ou 21/3 (HS)	Equinócio do Outono, quando o Deus está mais perto do véu que cobre o mundo subterrâneo e a Deusa lamenta sua perda	Pão de milho, nozes, uvas, cenouras, torta de maçãs	Pinhas, milefólio, canela, sálvia, anis, patchouli, avelã	Símbolo yin-yang, cascas de nozes, folhas de outono, bolotas de carvalho

Obs. Fonte das datas dos Equinócios e Solstícios: Wikipedia.org

Dias da semana, planetas, divindades e objetos simbólicos

Cada dia da semana é regido por um planeta, que exerce determinadas influências mágicas. Por tradição, cada dia da semana também é associado a determinados assuntos. Na tabela a seguir você vai encontrar, além do planeta regente de cada dia da semana e os assuntos relacionados a cada um desses planetas, o metal e o objeto simbólico de cada um deles.

	Segunda-feira	Terça-feira	Quarta-feira	Quinta-feira	Sexta-feira	Sábado	Domingo
Planeta	Lua	Marte	Mercúrio	Júpiter	Vênus	Saturno	Sol
Divindade	Selene, Néftis, Ártemis, Isis	Marte/Ares, Tyr, Iansã, Kali	Mercúrio/Hermes, Atena, Sarasvarti, Odin	Thor, Jovis/Júpiter, Rhiannon, Juno, Lakshmi	Vênus/Afrodite, Angus, Parvarti	Hécate, Nêmesis, Saturno	Brigid, Apolo, Lugh, Belisama

	Segunda-feira	Terça-feira	Quarta-feira	Quinta-feira	Sexta-feira	Sábado	Domingo
Associações	Fertilidade, aumento, trabalho com sonhos	Defesa, proteção, inspiração, superação de obstáculo, coragem, sexo, dança	Comunicação, aprendizado, estudo, provas e testes, questões jurídicas, viagens, ideias, memória, ciência	Generosidade, justiça natural, expansão, propriedades, testamentos, questões familiares	Amor, afeição, amizades, parceria, sedução, sexualidade, beleza, arte	Limites, ligação, exorcismo, disciplina, redução, proteção, desvio	Saúde, felicidade, contentamento, música, poesia
Metal	Prata	Ferro	Mercúrio	Estanho	Cobre	Chumbo	Ouro
Objeto simbólico	Caldeirão	Flecha	Cajado	Tambor	Rosa, estrela	Corrente, cordão	Disco

As estações e a magia

Cada estação carrega consigo uma energia diferente, em sintonia com os fluxos e refluxos da vida. Portanto, verifique a tabela abaixo para saber qual a época mais propícia para fazer seus trabalhos espirituais e mágicos:

Primavera	Verão	Outono	Inverno
Inícios, novos projetos, purificação, limpeza, cultivo de jardim mágico, fertilidade, atrair amor, felicidade	Dinheiro, prosperidade, sucesso, força, coragem, magia do fogo, fortalecer o amor, fidelidade, cura física	Espiritualidade, agradecimento por bênçãos recebidas, banimento de negatividade, proteção, novas aquisições	Reflexão, meditação, cura emocional, divinação, consciência psíquica, descoberta de vidas passadas

Eclipses

O eclipse *solar* acontece durante a Lua Nova, quando esse astro passa exatamente entre a Terra e o Sol, cobrindo-o total ou parcialmente. O eclipse *lunar* acontece quando ela escurece ao passar pela sombra da Terra.

Do ponto de vista científico, existem três tipos de eclipse: o parcial, o total e o anular. O eclipse anular do Sol é um tipo especial de eclipse parcial. Durante um eclipse anular a Lua passa em frente ao Sol, mas acaba por não cobrir completamente o disco da nossa estrela.

Muitas pessoas que praticam magia acreditam que o eclipse seja um sinal de mudança e possa representar um momento decisivo na nossa vida. *Comece o trabalho de magia dez minutos antes do eclipse e continue a trabalhar enquanto ele ocorre, até que tenha terminado. A chave é captar a energia do eclipse e puxar essa energia para o seu trabalho, enquanto o fenômeno estiver em curso.*

As datas dos eclipses de 2024 estão indicadas ao longo do Calendário.

Fases da Lua

Um dos métodos mais conhecidos, comprovados e eficazes de obter bons resultados no mundo da magia consiste em sintonizar o feitiço ou ritual com a fase da Lua correspondente. As bruxas devem ter sempre à mão o calendário do *Almanaque Wicca*, com as fases lunares, para ficar a par dos ciclos desse astro.

Fase da Lua	Assuntos favorecidos
Nova	Novo emprego, projeto ou relacionamento, pôr em prática novas ideias, crescimento, expansão
Crescente	Desenvolvimento, prosperidade, compromissos, crescimento, acelerar projetos, aumentar a prosperidade
Cheia	Feitiços de amor, aumentar o poder, potencializar a magia
Minguante	Terminar relacionamentos, dissipar energias negativas, reflexão, combater vícios e situações indesejáveis, fazer renovações, eliminar maldições, combater ataques psíquicos

A Lua nos signos

A Lua se "move" continuamente pelo zodíaco, passando por todos os signos. Cada um deles exerce um tipo de influência sobre as pessoas e suas atividades. A tabela abaixo indica os melhores signos lunares para diferentes tipos de feitiço:

Tipo de feitiço	Áries	Touro	Gêmeos	Câncer	Leão	Virgem	Libra	Escorpião	Sagitário	Capricórnio	Aquário	Peixes
Amor/relacionamentos			☽	☽			☽				☽	☽
Cura/emoções			☽	☽			☽	☽			☽	☽
Prosperidade/aumento		☽		☽	☽				☽	☽		
Emprego/comércio			☽		☽				☽	☽	☽	
Amarração/banimento	☽			☽		☽	☽					
Proteção	☽	☽			☽				☽			
Fertilidade	☽	☽				☽		☽		☽		☽

Luas Fora de Curso

A Lua dá uma volta em torno da Terra a cada 28 dias, permanecendo em cada signo do zodíaco durante dois dias e meio, aproximadamente. Quando se aproxima dos últimos graus de um signo, ela acaba atingindo o planeta que está no grau mais alto desse signo, formando com ele um aspecto final antes de deixar o signo. Esse é um aspecto lunar de grande importância na magia. Quando forma esse último aspecto com o planeta até o momento em que sai desse signo para entrar no próximo, dizem que a Lua está fora de curso. Isso dura apenas algumas horas, porém essas horas são de suma importância em toda ação humana e especialmente na prática da magia, já que durante esse período a Lua está sem direção e tudo o que se faça ou comece se revela muito mais imprevisível. Essa é uma das razões por que muitas magias são ineficazes. Quando a Lua está nesse período não se deve começar nada novo, pois isso pode nunca chegar a se realizar. **Obs.: As datas de início e final das Luas Fora de Curso do ano de 2024 estão indicadas ao longo do Calendário sob a sigla LFC (*Lua Fora de Curso*).**

Lua Negra

A fase lunar denominada Lua Negra acontece mensalmente, nos três dias que antecedem a Lua Nova. A Lua Negra facilita o acesso aos mundos e planos sutis e às profundezas de nossa psique. Por isso é considerada uma fase favorável para trabalhos de transformação e renovação. Ela tem o poder de criar e de destruir, de curar e de regenerar e de descobrir e fluir com o ritmo das mudanças e dos ciclos naturais, dependendo da capacidade individual em reconhecer e integrar sua sombra. É, portanto, um período favorável para rituais de cura, renovação e regeneração. Podemos citar também rituais de eliminação de uma maldição; a correção de uma disfunção, o afastamento dos obstáculos ou das dificuldades à realização afetiva ou profissional; a eliminação de resíduos energéticos negativos de pessoas, objetos e ambientes. **As Luas Negras de 2024 estão indicadas no Calendário.**

Lua Azul

A Lua Azul, a segunda Lua Cheia que ocorre no mesmo mês, é um fenômeno que se repete a cada dois anos e sete meses e é causado pela presença de treze lunações em um ano solar. É considerada um tempo mágico que abre portais de comunicação profunda com outras dimensões, energias, seres e planos sutis, tornando os rituais mais poderosos, as vivências mais abrangentes e os efeitos mágicos mais rápidos. Por isso é preciso ter muita cautela ao se escolher os objetivos e pedidos feitos nessa fase da Lua. **Não haverá Luas Azuis em 2024.**

Lua Rosa

Na Antiga Tradição, acreditava-se que determinadas **Luas cheias** tinham uma energia especial para realizar desejos, projetos ou aspirações. Essas Luas, chamadas "Lua Rosa dos Desejos" ou "Lua dos Pedidos" são os plenilúnios (Luas cheias) mais próximos dos quatro grandes sabás celtas: Samhain, em 31 de outubro; Imbolc, em 1º de fevereiro; Beltane, em 30 de abril; e Lughnassadh, em 1º de agosto

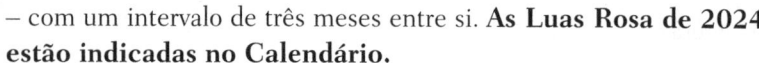

– com um intervalo de três meses entre si. **As Luas Rosa de 2024 estão indicadas no Calendário.**

Lua Violeta

Menos conhecida e menos divulgada, a Lua Violeta acontece quando ocorrem **duas Luas Novas** no mesmo mês. O período de três dias – que antecede a segunda Lua Nova – proporciona energias purificadoras e transmutadoras e, portanto, oferece as condições ideais para a introspecção e meditação ampla e profunda, bem como a reavaliação de valores, atitudes e objetivos. **A Lua Violeta de 2024 está indicada no Calendário.**

Lua Vermelha

Na Antiguidade, o ciclo menstrual da mulher seguia as fases da Lua com tanta precisão que a gestação era contada por luas. Com o passar do tempo, a mulher foi se distanciando dessa sintonia e perdendo o contato com o próprio ritmo do corpo, o que gerou vários desequilíbrios hormonais, emocionais e psíquicos. Para restabelecer essa sincronicidade natural, a mulher deve se reconectar à Lua, observando a relação entre as fases lunares e o seu ciclo menstrual.

Cores e incensos de cada dia da semana

São sugeridos para cada dia da semana cores e aromas de incensos, caso queira usar velas e incensos nos seus encantamentos e rituais.

Sabás e Luas de 2024	
4 de janeiro	Lua Minguante à 0h32
11 de janeiro	Lua Nova às 8h58
18 de janeiro	Lua Crescente à 0h54
25 de janeiro	Lua Cheia às 14h55 (Lua Rosa)
1º de fevereiro	Imbolc (HN) Lammas (HS)
2 de fevereiro	Lua Minguante às 20h19
9 de fevereiro	Lua Nova às 20h00
16 de fevereiro	Lua Crescente às 12h02
24 de fevereiro	Lua Cheia às 9h32
3 de março	Lua Minguante às 12h25
10 de março	Lua Nova às 6h02
17 de março	Lua Crescente à 1h12
20 de março	Ostara – Equinócio de Primavera (HS) Mabon – Equinócio de Outono (HN)
25 de março	Lua Cheia às 4h01
25 de março	Eclipse Anular da Lua às 4h01
2 de abril	Lua Minguante à 0h16
8 de abril	Lua Nova às 15h22
8 de abril	Eclipse total do Sol às 15h22
15 de abril	Lua Crescente às 16h14
23 de abril	Lua Cheia às 20h50 (Lua Rosa)
30 de abril	Beltane (HN) Samhain (HS)

Sabás e Luas de 2024

1º de maio	Lua Minguante às 8h28
8 de maio	Lua Nova à 0h23
15 de maio	Lua Crescente às 8h49
23 de maio	Lua Cheia às 10h54
30 de maio	Lua Minguante às 14h14
6 de junho	Lua Nova às 9h39
14 de junho	Lua Crescente às 2h20
20 de junho	Litha – Solstício de Verão (HN) Yule – Solstício de Inverno (HS)
21 de junho	Lua Cheia às 22h09
28 de junho	Lua Minguante às 18h55
5 de julho	Lua Nova às 19h59
13 de julho	Lua Crescente às 19h50
21 de julho	Lua Cheia às 7h18
27 de julho	Lua Minguante às 23h53
1º de agosto	Lammas (HN) Imbolc (HS)
4 de agosto	Lua Nova às 8h14
12 de agosto	Lua Crescente às 12h20
19 de agosto	Lua Cheia às 15h27 (Lua Rosa)
26 de agosto	Lua Minguante às 6h27
2 de setembro	Lua Nova às 22h57
11 de setembro	Lua Crescente às 3h07

Sabás e Luas de 2024	
17 de setembro	Lua Cheia às 23h36
17 de setembro	Eclipse parcial da Lua às 23h36
22 de setembro	Mabon – Equinócio de Outono (HN) Ostara – Equinócio de Primavera (HS)
24 de setembro	Lua Minguante às 15h51
2 de outubro	Lua Nova às 15h50
2 de outubro	Eclipse anular do Sol às 15h50
10 de outubro	Lua Crescente às 15h56
17 de outubro	Lua Cheia às 8h28 (Lua Rosa)
24 de outubro	Lua Minguante às 5h04
31 de outubro	Samhain (HN) Beltane (HS)
1º de novembro	Lua Nova às 9h48
9 de novembro	Lua Crescente às 2h57
15 de novembro	Lua Cheia às 18h30
22 de novembro	Lua Minguante às 22h29
1º de dezembro	Lua Nova às 3h23
8 de dezembro	Lua Crescente às 12h28
15 de dezembro	Lua Cheia às 6h03
21 de dezembro	Yule – Solstício de inverno (HN) Litha – Solstício de verão (HS)
22 de dezembro	Lua Minguante às 19h19
30 de dezembro	Lua Nova às 19h28 (Lua Violeta)

Calendário Wicca

de JANEIRO a DEZEMBRO de 2024

Início LFC = Início da Lua Fora de Curso
Final LFC = Término da Lua Fora de Curso

Janeiro de 2024

Janeiro é consagrado ao deus romano Janus, divindade pré-latina considerada deus do Sol e do dia. Janeiro é uma época cheia de possibilidades, mas ainda contém as restrições, lições e resquícios do ano anterior. Por isso é um período adequado para nos livrarmos do velho e ultrapassado, preparando planos e projetos para novas conquistas, mudanças e realizações. A pedra de janeiro é a granada.

1/1 segunda-feira
Signo da Lua: Virgem
Fase da Lua: Cheia
Cor: Laranja ☀ Incenso: Lavanda
Dia Mundial da Paz
Dia consagrado ao par divino Zeus e Hera
Festival romano de Strenia, com troca de presentes
Januálias

2/1 terça-feira
Signo da Lua: Libra às 21h48
Fase da Lua: Cheia
Início LFC: 20h37
Final LFC: 21h48
Cor: Cor-de-rosa ☀ Incenso: Dama-da-noite
Advento de Ísis
Celebração das Nornes, deusas do destino

3/1 quarta-feira
Signo da Lua: Libra
Fase da Lua: Cheia
Cor: Vermelho ☀ Incenso: Sândalo
Festival romano em honra de Pax, deusa da paz
Festival Lanaia em honra a Dioniso

4/1 quinta-feira
Signo da Lua: Libra
Fase da Lua: Minguante à 0h32
Cor: Roxo ☀ Incenso: Canela
Ritual coreano das Sete Estrelas

5/1 sexta-feira
Signo da Lua: Escorpião às 9h41
Fase da Lua: Minguante
Início LFC: 8h42
Final LFC: 9h41
Cor: Verde ☀ Incenso: Alfazema
Festa de Bafana, na Itália, reminiscência da antiga celebração à deusa Befana, a Anciã, também chamada de La Vecchia ou La Strega

6/1 sábado
Signo da Lua: Escorpião
Fase da Lua: Minguante
Cor: Amarelo ☼ Incenso: Erva-cidreira
Dia de Morrigan, deusa tríplice celta
Epifania ou Dia de Reis

7/1 domingo
Signo da Lua: Sagitário às 18h10
Fase da Lua: Minguante
Início LFC: 17h23
Final LFC: 18h10
Cor: Azul-marinho ☼ Incenso: Rosas
Dia da Liberdade de Cultos
Sekhmet, Ano Novo Egípcio

8/1 segunda-feira
Signo da Lua: Sagitário
Fase da Lua: Minguante (Lua Negra)
Cor: Marrom ☼ Incenso: Sálvia
Ano Novo dos Druidas
Festival de Justitia, em honra da deusa romana da justiça
Dia de Freia, deusa nórdica do amor, da fertilidade e da magia

9/1 terça-feira
Signo da Lua: Capricórnio às 22h34
Fase da Lua: Minguante (Lua Negra)
Início LFC: 15h26
Final LFC: 22h34
Cor: Cinza ☼ Incenso: Rosas
Festa da Agonia, dedicada ao deus Janus, padroeiro do mês

10/1 quarta-feira
Signo da Lua: Capricórnio
Fase da Lua: Minguante (Lua Negra)
Cor: Lilás ☼ Incenso: Manjericão
Início da Carmentália, festival dedicado à deusa Carmenta (até 15/01)

11/1 quinta-feira
Signo da Lua: Capricórnio
Fase da Lua: Nova às 8h58
Início LFC: 23h34
Cor: Verde ☼ Incenso: Canela
Dia de Frigga, deusa nórdica consorte do deus Odin

12/1 sexta-feira
Signo da Lua: Aquário à 0h02
Fase da Lua: Nova
Final LFC: 0h02
Cor: Azul-marinho ☼ Incenso: Rosas
Festival de Compitália, em honra dos Lares
Festival indiano de Sarasvati, deusa dos rios, das artes e do conhecimento

13/1 sábado
Signo da Lua: Aquário
Fase da Lua: Nova
Início LFC: 7h00
Cor: Azul ☼ Incenso: Sândalo

14/1 domingo
Signo da Lua: Peixes à 0h30
Fase da Lua: Nova
Final LFC: 0h30
Cor: Laranja ☼ Incenso: Jasmim
Makara Sankranti, celebração hindu com banho no rio Ganges

15/1 segunda-feira
Signo da Lua: Peixes
Fase da Lua: Nova
Cor: Cinza ☼ Incenso: Dama-da-noite

16/1 terça-feira
Signo da Lua: Áries à 1h50
Fase da Lua: Nova
Início LFC: 1h34
Final LFC: 1h50
Cor: Branco ☼ Incenso: Erva-cidreira
Festival da Concórdia, deusa romana das relações harmoniosas
Festival hindu de Ganesha, deus-elefante, filho da deusa Parvati

17/1 quarta-feira
Signo da Lua: Áries
Fase da Lua: Nova
Cor: Amarelo ☀ Incenso: Canela
Festival celta das Macieiras
Dia de Felicitas, deusa romana da boa sorte e da felicidade
Dia da deusa grega Athena em seu aspecto guerreira

18/1 quinta-feira
Signo da Lua: Touro às 5h13
Fase da Lua: Crescente à 0h54
Início LFC: 5h04
Final LFC: 5h13
Cor: Roxo ☀ Incenso: Violetas
Festival hindu ao deus e à deusa Surya, divindades solares regentes da luz

19/1 sexta-feira
Signo da Lua: Touro
Fase da Lua: Crescente
Cor: Cor-de-rosa ☀ Incenso: Lavanda

20/1 sábado
Signo da Lua: Gêmeos às 10h59
Fase da Lua: Crescente
Início LFC: 10h58
Final LFC: 10h59
O Sol entra em Aquário às 11h08
Cor: Azul ☀ Incenso: Alfazema
Dia da Santa Inês ou Agnes, época da divinação pelo fogo

21/1 domingo
Signo da Lua: Gêmeos
Fase da Lua: Crescente
Cor: Laranja ☀ Incenso: Hortênsias
Celebração de Baba Yaga, nos países eslavos
Dia Mundial da Religião

22/1 segunda-feira
Signo da Lua: Câncer às 18h52
Fase da Lua: Crescente
Início LFC: 17h41
Final LFC: 18h52
Cor: Vermelho ☀ Incenso: Dama-da--noite
Festival das Musas, honrando as deusas da poesia, da arte, da música e da dança

23/1 terça-feira
Signo da Lua: Câncer
Fase da Lua: Crescente
Cor: Verde ☀ Incenso: Violetas
Celebração da deusa lunar egípcia Hathor, deusa da beleza, do amor e da arte

24/1 quarta-feira
Signo da Lua: Câncer
Fase da Lua: Crescente
Início LFC: 19h59
Cor: Cor-de-rosa ☀ Incenso: Arruda

25/1 quinta-feira
Signo da Lua: Leão às 4h38
Fase da Lua: Cheia às 14h55
(Lua Rosa)
Final LFC: 4h38
Cor: Preto ☀ Incenso: Erva-cidreira

26/1 sexta-feira
Signo da Lua: Leão
Fase da Lua: Cheia
Início LFC: 18h20
Cor: Azul-marinho ☀ Incenso: Manjericão
Celebração de Cernunnos, o deus celta da fertilidade, senhor dos animais e da vegetação

27/1 sábado
Signo da Lua: Virgem às 16h12
Fase da Lua: Cheia

Final LFC: 16h12
Cor: Branco ☼ Incenso: Sálvia
Feriae Sementiva, festival romano em honra às deusas dos grãos e da colheita

28/1 domingo
Signo da Lua: Virgem
Fase da Lua: Cheia
Cor: Lilás ☼ Incenso: Canela
Dia da deusa Pele, padroeira do Havaí, guardiã do fogo vulcânico

29/1 segunda-feira
Signo da Lua: Virgem
Fase da Lua: Cheia
Início LFC: 20h21
Cor: Cor-de-rosa ☼ Incenso: Laranja
Celebração de Concórdia, a deusa romana da paz e da harmonia domésticas

30/1 terça-feira
Signo da Lua: Libra às 5h05
Fase da Lua: Cheia
Final LFC: 5h05
Cor: Vermelho ☼ Incenso: Sândalo
Festival da Paz, dedicado à deusa romana Pax
Celebração das deusas da cura Anceta e Angitia, cujas ervas sagradas e encantamentos curavam as febres e picadas de cobra
Festa de Nosso Senhor do Bonfim e de Nossa Senhora das Águas

31/1 quarta-feira
Signo da Lua: Libra
Fase da Lua: Cheia
Cor: Azul ☼ Incenso: Hortênsias
Véspera de Fevereiro, início do festival de Imbolc
Dia consagrado às Valquírias e às Parcas

Fevereiro de 2024

O nome deste mês deriva da deusa romana Fébrua, mãe de Marte. Fevereiro é um mês propício tanto para as reconfirmações do caminho espiritual quanto para as iniciações, dedicando a sua devoção a uma divindade com a qual você tenha afinidade. Na tradição Wicca, o sabá Imbolc, ou Candlemas, celebra a deusa tríplice Brighid, a Senhora do Fogo Criador, da Arte e da Magia. É uma data favorável às iniciações e renovações dos compromissos espirituais, bem como para purificações ritualísticas, práticas oraculares e cerimônias com fogo. A pedra de fevereiro é a ametista.

1/2 quinta-feira
Signo da Lua: Escorpião às 17h38
Fase da Lua: Cheia
Início LFC: 6h04
Final LFC: 17h38
Cor: Verde ☼ Incenso: Jasmim
Festival da deusa celta Brighid
Véspera de Imbolc/Lammas

2/2 sexta-feira
Signo da Lua: Escorpião
Fase da Lua: Minguante às 20h19
Cor: Preto ☼ Incenso: Erva-cidreira
Festival de Juno Fébrua, a deusa que preside o mês de fevereiro
Festa de Iemanjá
Imbolc (HN)
Lammas (HS)

3/2 sábado
Signo da Lua: Escorpião
Fase da Lua: Minguante
Cor: Branco ☼ Incenso: Manjericão

4/2 domingo
Signo da Lua: Sagitário às 3h29
Fase da Lua: Minguante
Início LFC: 0h25
Final LFC: 3h29
Cor: Amarelo ☼ Incenso: Lavanda

5/2 segunda-feira
Signo da Lua: Sagitário
Fase da Lua: Minguante
Cor: Vermelho ☼ Incenso: Sândalo

6/2 terça-feira
Signo da Lua: Capricórnio 9h10
Fase da Lua: Minguante (Lua Negra)
Início LFC: 2h07
Final LFC: 9h10
Cor: Azul ☼ Incenso: Violetas
Festival em honra de Afrodite, deusa grega do amor

7/2 quarta-feira
Signo da Lua: Capricórnio
Fase da Lua: Minguante (Lua Negra)
Cor: Laranja ☼ Incenso: Dama-da-noite

8/2 quinta-feira
Signo da Lua: Aquário às 11h01
Fase da Lua: Minguante (Lua Negra)
Início LFC: 4h53
Final LFC: 11h01
Cor: Verde ☼ Incenso: Rosas

9/2 sexta-feira
Signo da Lua: Aquário
Fase da Lua: Nova às 20h00
Início LFC: 20h00
Cor: Preto ☼ Incenso: Manjericão
Dia de Apolo, a divindade do Sol

10/2 sábado
Signo da Lua: Peixes às 10h44
Fase da Lua: Nova
Final LFC: 10h44
Cor: Vermelho ☼ Incenso: Alfazema
Ano Novo Chinês (Dragão)

11/2 domingo
Signo da Lua: Peixes
Fase da Lua: Nova
Cor: Cinza ☼ Incenso: Arruda

12/2 segunda-feira
Signo da Lua: Áries às 10h27
Fase da Lua: Nova
Início LFC: 9h33
Final LFC: 10h27
Cor: Cor-de-rosa ☼ Incenso: Sálvia
Dia consagrado às deusas da caça, Ártemis e Diana

13/2 terça-feira
Signo da Lua: Áries
Fase da Lua: Nova
Cor: Azul-marinho ☼ Incenso: Erva-cidreira
Parentálias, festival romano em honra dos mortos (até 31/02)

14/2 quarta-feira
Signo da Lua: Touro às 12h03
Fase da Lua: Nova
Início LFC: 7h22
Final LFC: 12h03
Cor: Amarelo ☼ Incenso: Sândalo
*Dia de São Valentim, festival do amor, também dedicado a Juno Fébrua
Cinzas*

15/2 quinta-feira
Signo da Lua: Touro
Fase da Lua: Nova
Cor: Lilás ☀ Incenso: Canela
Lupercais, festival romano em honra do deus Pã

16/2 sexta-feira
Signo da Lua: Gêmeos às 16h41
Fase da Lua: Crescente às 12h02
Início LFC: 12h02
Final LFC: 16h41
Cor: Amarelo ☀ Incenso: Violetas
Faunálias, festas romanas em honra dos faunos

17/2 sábado
Signo da Lua: Gêmeos
Fase da Lua: Crescente
Cor: Azul ☀ Incenso: Jasmim
Dia da deusa Kali na Índia

18/2 domingo
Signo da Lua: Gêmeos
Fase da Lua: Crescente
Cor: Laranja ☀ Incenso: Rosas

19/2 segunda-feira
Signo da Lua: Câncer à 0h26
Fase da Lua: Crescente
Início LFC: 0h22
Final LFC: 0h26
O Sol entra em Peixes à 1h14
Cor: Verde ☀ Incenso: Manjericão

20/2 terça-feira
Signo da Lua: Câncer
Fase da Lua: Crescente
Cor: Preto ☀ Incenso: Alfazema

21/2 quarta-feira
Signo da Lua: Leão às 10h42
Fase da Lua: Crescente
Início LFC: 3h39
Final LFC: 10h42
Cor: Vermelho ☀ Incenso: Arruda
Ferálias, festas romanas em honra dos deuses Manes, espíritos dos mortos

22/2 quinta-feira
Signo da Lua: Leão
Fase da Lua: Crescente
Cor: Cinza ☀ Incenso: Sálvia
Festival romano da deusa Concórdia
Festival das Lanternas

23/2 sexta-feira
Signo da Lua: Virgem às 22h39
Fase da Lua: Crescente
Início LFC: 1h19
Final LFC: 22h39
Cor: Cor-de-rosa ☀ Incenso: Erva-cidreira
Terminálias, festival romano em honra de Termo, deus das fronteiras

24/2 sábado
Signo da Lua: Virgem
Fase da Lua: Cheia às 9h32
Cor: Amarelo ☀ Incenso: Sândalo

25/2 domingo
Signo da Lua: Virgem
Fase da Lua: Cheia
Cor: Branco ☀ Incenso: Canela

26/2 segunda-feira
Signo da Lua: Libra às 11h31
Fase da Lua: Cheia
Início LFC: 4h36
Final LFC: 11h31
Cor: Roxo ☀ Incenso: Violetas

27/2 terça-feira
Signo da Lua: Libra
Fase da Lua: Cheia
Início LFC: 15h23

Cor: Azul-marinho ☼ Incenso:
   Dama-da-noite
Dia da Anciã

28/2 quarta-feira
Signo da Lua: Libra
Fase da Lua: Cheia
Cor: Lilás ☼ Incenso: Manjericão

29/2 quinta-feira
Signo da Lua: Escorpião à 0h10
Fase da Lua: Cheia
Final LFC: 0h10
Cor: Amarelo ☼ Incenso: Alfazema

Março de 2024

O mês de março é consagrado ao deus romano da guerra, Marte, contraparte do grego Ares. Para os romanos este mês representava o início do Ano Novo, começando no equinócio de primavera, em torno do dia 21, data mantida até hoje como o início do Ano Zodiacal. A pedra natal de março é o jaspe sanguíneo ou heliotrópio.

1/3 sexta-feira
Signo da Lua: Escorpião
Fase da Lua: Cheia
Cor: Azul ☼ Incenso: Canela
Matronálias, festas romanas em homenagem à maternidade de Juno, protetora dos casamentos
Dia em que as vestais alimentavam o fogo sagrado, anunciando o Ano Novo Romano

2/3 sábado
Signo da Lua: Sagitário às 10h57
Fase da Lua: Cheia
Início LFC: 4h49
Final LFC: 10h57
Cor: Laranja ☼ Incenso: Sândalo
Dia consagrado a Ceadda, deusa das fontes e poços sagrados

3/3 domingo
Signo da Lua: Sagitário
Fase da Lua: Minguante às 12h25
Cor: Verde ☼ Incenso: Rosas
Isidis Navigatum, Benção egípcia das Frotas

4/3 segunda-feira
Signo da Lua: Capricórnio às 18h16
Fase da Lua: Minguante
Início LFC: 12h42
Final LFC: 18h16
Cor: Preto ☼ Incenso: Violetas
Festival celta em honra a Rhiannon, deusa donzela, relacionada à deusa Perséfone

5/3 terça-feira
Signo da Lua: Capricórnio
Fase da Lua: Minguante
Cor: Vermelho ☼ Incenso: Dama-da-noite

6/3 quarta-feira
Signo da Lua: Aquário às 21h40
Fase da Lua: Minguante
Início LFC: 16h36
Final LFC: 21h40
Cor: Cor-de-rosa ☼ Incenso: Jasmim

7/3 quinta-feira
Signo da Lua: Aquário
Fase da Lua: Minguante (Lua Negra)
Cor: Amarelo ☼ Incenso: Manjericão

8/3 sexta-feira
Signo da Lua: Peixes às 22h05
Fase da Lua: Minguante (Lua Negra)
Início LFC: 15h57
Final LFC: 22h05
Cor: Branco ☼ Incenso: Arruda
Dia Internacional da Mulher

9/3 sábado
Signo da Lua: Peixes
Fase da Lua: Minguante (Lua Negra)
Cor: Roxo ☼ Incenso: Alfazema

10/3 domingo
Signo da Lua: Áries às 21h20
Fase da Lua: Nova às 6h02
Início LFC: 16h47
Final LFC: 21h20
Cor: Azul-marinho ☼ Incenso: Sálvia

11/3 segunda-feira
Signo da Lua: Áries
Fase da Lua: Nova
Cor: Lilás ☼ Incenso: Erva-cidreira

12/3 terça-feira
Signo da Lua: Touro às 21h29
Fase da Lua: Nova
Início LFC: 8h09
Final LFC: 21h29
Cor: Amarelo ☼ Incenso: Canela
Festa de Marduk, deus supremo da Babilônia
Dia do Martírio de Hipátia, conhecida como a Pagã Divina

13/3 quarta-feira
Signo da Lua: Touro
Fase da Lua: Nova
Cor: Azul ☼ Incenso: Dama-da-noite
Dia da Sorte na Wicca

14/3 quinta-feira
Signo da Lua: Touro
Fase da Lua: Nova
Início LFC: 19h30
Cor: Laranja ☼ Incenso: Erva-cidreira
Dia de Ua Zit, deusa-serpente egípcia

15/3 sexta-feira
Signo da Lua: Gêmeos à 0h17
Fase da Lua: Nova
Final LFC: 0h17
Cor: Verde ☼ Incenso: Arruda
Festival romano em honra de Ana Perena, deusa dos anos
Festival em honra de Átis e Cibele
Dia sagrado de Reia, deusa grega da terra, mãe de Zeus e um aspecto da Grande Mãe

16/3 sábado
Signo da Lua: Gêmeos
Fase da Lua: Nova
Cor: Preto ☼ Incenso: Manjericão
Festival do deus grego Dioniso, deus do vinho
Dia dedicado a Morgan Le Fay

17/3 domingo
Signo da Lua: Câncer às 6h42
Fase da Lua: Crescente à 1h12
Início LFC: 1h44
Final LFC: 6h42
Cor: Vermelho ☼ Incenso: Sândalo
Liberálias, festas romanas em honra de Líber, deus da fecundidade

18/3 segunda-feira
Signo da Lua: Câncer
Fase da Lua: Crescente
Cor: Cinza ☼ Incenso: Lavanda

19/3 terça-feira
Signo da Lua: Leão às 16h34
Fase da Lua: Crescente
Início LFC: 15h53
Final LFC: 16h34
Cor: Cor-de-rosa ☼ Incenso: Dama-da-noite
Quinquátrias, festas romanas em honra de Minerva, deusa que personificava o pensamento (até 23/03)
A véspera do equinócio é um dos festivais da deusa grega Atenas

20/3 quarta-feira
Signo da Lua: Leão
Fase da Lua: Crescente
Início do Outono à 0h08
O Sol entra em Áries à 0h08
Cor: Amarelo ☼ Incenso: Rosas
Ostara – Equinócio de Primavera (HN)
Mabon – Equinócio de Outono (HS)

21/3 quinta-feira
Signo da Lua: Leão
Fase da Lua: Crescente
Cor: Branco ☼ Incenso: Arruda

22/3 sexta-feira
Signo da Lua: Virgem às 4h43
Fase da Lua: Crescente
Início LFC: 3h35
Final LFC: 4h43
Cor: Roxo ☼ Incenso: Alfazema

23/3 sábado
Signo da Lua: Virgem
Fase da Lua: Crescente
Cor: Azul-marinho ☼ Incenso: Manjericão

24/3 domingo
Signo da Lua: Libra às 17h39
Fase da Lua: Crescente
Início LFC: 12h50
Final LFC: 17h39
Cor: Lilás ☼ Incenso: Rosas
Dia da deusa guardiã Albion ou Britânia (Grã-Bretanha)

25/3 segunda-feira
Signo da Lua: Libra
Fase da Lua: Cheia às 4h01
Eclipse anular da Lua às 4h01
Cor: Amarelo ☼ Incenso: Dama-da-noite
Hilárias, festas romanas em honra de Cibele

26/3 terça-feira
Signo da Lua: Libra
Fase da Lua: Cheia
Início LFC: 20h10
Cor: Azul ☼ Incenso: Violetas

27/3 quarta-feira
Signo da Lua: Escorpião às 6h04
Fase da Lua: Cheia
Final LFC: 6h04
Cor: Laranja ☼ Incenso: Sândalo

28/3 quinta-feira
Signo da Lua: Escorpião
Fase da Lua: Cheia
Cor: Verde ☼ Incenso: Erva-cidreira
Antiga data do nascimento de Jesus

29/3 sexta-feira
Signo da Lua: Sagitário às 16h53
Fase da Lua: Cheia
Início LFC: 12h41
Final LFC: 16h53
Cor: Preto ☼ Incenso: Jasmim
Festival da deusa egípcia Ishtar
Paixão de Cristo

30/3 sábado
Signo da Lua: Sagitário
Fase da Lua: Cheia
Cor: Vermelho ☼ Incenso: Sálvia
Festival de Luna, deusa romana da Lua

31/3 domingo
Signo da Lua: Sagitário
Fase da Lua: Cheia
Início LFC: 21h17
Cor: Cinza ☼ Incenso: Alfazema
Páscoa

Abril de 2024

O nome do mês de abril deriva da deusa grega Afrodite (a Vênus romana). O nome anglo-saxão deste mês era Easter Monath, que até hoje é mantido na palavra "Easter" (Páscoa). Reverenciava-se a deusa da primavera e da fertilidade, Eostre. A última noite deste mês é uma data muito importante na tradição Wicca: celebra-se o sabá Beltaine, reencenando o casamento sagrado da deusa da terra com o deus da vegetação. A pedra natal de abril é o diamante.

1/4 segunda-feira
Signo da Lua: Capricórnio à 1h06
Fase da Lua: Cheia
Final LFC: 1h06
Cor: Cor-de-rosa ☼ Incenso: Arruda
Venerálias, festival romano em honra de Vênus, deusa da beleza e do amor

2/4 terça-feira
Signo da Lua: Capricórnio
Fase da Lua: Minguante à 0h16
Cor: Amarelo ☼ Incenso: Canela
Festival de Cibele, a Grande Mãe

3/4 quarta-feira
Signo da Lua: Aquário às 6h09
Fase da Lua: Minguante
Início LFC: 2h42
Final LFC: 6h09
Cor: Azul-marinho Lilás ☼ Incenso: Sávia

4/4 quinta-feira
Signo da Lua: Aquário
Fase da Lua: Minguante
Cor: Roxo ☼ Incenso: Erva-cidreira
Megalésias, festas romanas em honra de Cibele, a Mãe dos Deuses

5/4 sexta-feira
Signo da Lua: Peixes às 8h14
Fase da Lua: Minguante (Lua Negra)
Início LFC: 2h41
Final LFC: 8h14
Cor: Lilás ☼ Incenso: Alfazema
Festival chinês em honra de Kuan Yin, deusa da cura

6/4 sábado
Signo da Lua: Peixes
Fase da Lua: Minguante (Lua Negra)
Cor: Azul ☼ Incenso: Jasmim

7/4 domingo
Signo da Lua: Áries às 8h26
Fase da Lua: Minguante (Lua Negra)
Início LFC: 5h28
Final LFC: 8h26
Cor: Laranja ☼ Incenso: Sândalo
Dia Mundial da Saúde

8/4 segunda-feira
Signo da Lua: Áries
Fase da Lua: Nova às 15h22
Início LFC: 23h40
Eclipse Total do Sol às 15h22
Cor: Verde ☼ Incenso: Jasmim

9/4 terça-feira
Signo da Lua: Touro às 8h24
Fase da Lua: Nova
Final LFC: 8h24
Cor: Preto ☼ Incenso: Alfazema

10/4 quarta-feira
Signo da Lua: Touro
Fase da Lua: Nova
Cor: Vermelho ☼ Incenso: Erva-cidreira
Dança do Sol no druidismo

11/4 quinta-feira
Signo da Lua: Gêmeos às 10h00
Fase da Lua: Nova
Início LFC: 7h05
Final LFC: 10h00
Cor: Cinza ☼ Incenso: Sálvia

12/4 sexta-feira
Signo da Lua: Gêmeos
Fase da Lua: Nova
Cor: Cor-de-rosa ☼ Incenso: Alfazema

13/4 sábado
Signo da Lua: Câncer às 14h46
Fase da Lua: Nova
Início LFC: 11h47
Final LFC: 14h46
Cor: Amarelo ☼ Incenso: Rosas
Festival de primavera de Libertas, a deusa romana da Liberdade
Cereálias, festival romano em homenagem a Ceres, deusa da Terra e seus frutos

14/4 domingo
Signo da Lua: Câncer
Fase da Lua: Nova
Cor: Branco ☼ Incenso: Manjericão

15/4 segunda-feira
Signo da Lua: Leão às 23h25
Fase da Lua: Crescente às 16h14
Início LFC: 20h23
Final LFC: 23h25
Cor: Roxo ☼ Incenso: Violetas
Fordicálias, festas romanas em honra de Tellus, a personificação da Terra

16/4 terça-feira
Signo da Lua: Leão
Fase da Lua: Crescente
Cor: Azul-marinho ☼ Incenso: Dama-da-noite
Festival em honra do deus grego Apolo
Antigo festival a deusa Tellus, muitas vezes chamada Tellus Mater, a Mãe Terra

17/4 quarta-feira
Signo da Lua: Leão
Fase da Lua: Crescente
Cor: Laranja ☼ Incenso: Canela

18/4 quinta-feira
Signo da Lua: Virgem às 11h12
Fase da Lua: Crescente
Início LFC: 9h03
Final LFC: 11h12
Cor: Amarelo ☼ Incenso: Sândalo

19/4 sexta-feira
Signo da Lua: Virgem
Fase da Lua: Crescente
O Sol entra em Touro às 11h01
Cor: Azul-marinho ☼ Incenso: Erva-cidreira

20/4 sábado
Signo da Lua: Virgem
Fase da Lua: Crescente
Início LFC: 21h21
Cor: Lilás ☼ Incenso: Sálvia

21/4 domingo
Signo da Lua: Libra à 0h09
Fase da Lua: Crescente
Final LFC: 0h09
Cor: Rosas ☼ Incenso: Arruda
Parílias, festas romanas em honra de Pales, deusa dos pastores e das pastagens
Tiradentes

22/4 segunda-feira
Signo da Lua: Libra
Fase da Lua: Crescente
Início LFC: 20h25
Cor: Amarelo ☼ Incenso: Alfazema
Dia da Terra

23/4 terça-feira
Signo da Lua: Escorpião às 12h21
Fase da Lua: Cheia às 20h50
 (Lua Rosa)
Final LFC: 12h21
Cor: Azul ☼ Incenso: Manjericão
Vinálias, festas romanas em honra de Júpiter
Dia de São Jorge

24/4 quarta-feira
Signo da Lua: Escorpião
Fase da Lua: Cheia
Cor: Laranja ☼ Incenso: Rosas
Véspera do Dia de São Marcos, uma das noites tradicionais para se adivinhar o futuro

25/4 quinta-feira
Signo da Lua: Sagitário às 22h38
Fase da Lua: Cheia
Início LFC: 20h18
Final LFC: 22h38
Cor: Verde ☼ Incenso: Violetas
Robigálias, festas romanas em honra de Robigo, deus dos trigais

26/4 sexta-feira
Signo da Lua: Sagitário
Fase da Lua: Cheia
Cor: Preto ☼ Incenso: Jasmim

27/4 sábado
Signo da Lua: Sagitário
Fase da Lua: Cheia
Cor: Vermelho ☼ Incenso: Canela

28/4 domingo
Signo da Lua: Capricórnio às 6h39
Fase da Lua: Cheia
Início LFC: 4h32
Final LFC: 6h39
Cor: Cinza ☼ Incenso: Manjericão
Florálias, festas romanas em honra de Flora, deusa da primavera e dos prazeres da juventude

29/4 segunda-feira
Signo da Lua: Capricórnio
Fase da Lua: Cheia
Cor: Roxo ☼ Incenso: Sândalo

30/4 terça-feira
Signo da Lua: Aquário às 12h21
Fase da Lua: Cheia
Início LFC: 12h20
Final LFC: 12h21
Cor: Azul-marinho ☼ Incenso: Lavanda
Beltane – Véspera de Maio (HN)
Samhain (HS)

Maio de 2024

Maio, o mês dos casamentos, tem esse nome graças à deusa Maia, uma das Sete Irmãs Gregas (As Plêiades) e mãe de Hermes. Maio é o mês tradicional das festas e dos jogos de amor. O Dia de Maio é um dos mais importantes do ano. Ele recebe muitos nomes diferentes, um deles é La Beltaine. Beltane e a sexta estação do ano, da união mística. Por tradição, maio é o mês do surgimento da Deusa Mãe na Terra, seja na forma das Deusas da Wicca, de Mãe Maria e de várias deusas de outras religiões. Ela também é a representante do arquétipo da Mãe. A esmeralda é a pedra natal de maio.

1/5 quarta-feira
Signo da Lua: Aquário
Fase da Lua: Minguante às 8h28
Cor: Lilás ☀ Incenso: Rosas
Festival de Belenus, deus celta do fogo e do Sol
Festa romana a Fauna, deusa da fertilidade
Dia do Trabalho
Dia de Maio

2/5 quinta-feira
Signo da Lua: Peixes às 15h53
Fase da Lua: Minguante
Início LFC: 6h30
Final LFC: 15h53
Cor: Laranja ☀ Incenso: Dama-da-noite

3/5 sexta-feira
Signo da Lua: Peixes
Fase da Lua: Minguante
Cor: Branco ☀ Incenso: Manjericão

4/5 sábado
Signo da Lua: Áries às 17h42
Fase da Lua: Minguante
Início LFC: 16h07
Final LFC: 17h42
Cor: Roxo ☀ Incenso: Violetas

5/5 domingo
Signo da Lua: Áries
Fase da Lua: Minguante (Lua Negra)
Cor: Azul ☀ Incenso: Dama-da-noite

6/5 segunda-feira
Signo da Lua: Touro às 18h43
Fase da Lua: Minguante (Lua Negra)
Início LFC: 2h58
Final LFC: 18h43
Cor: Laranja ☀ Incenso: Rosas

7/5 terça-feira
Signo da Lua: Touro
Fase da Lua: Minguante (Lua Negra)
Cor: Verde ☀ Incenso: Sândalo

8/5 quarta-feira
Signo da Lua: Gêmeos às 20h22
Fase da Lua: Nova à 0h23
Início LFC: 18h56
Final LFC: 20h22
Cor: Vermelho ☀ Incenso: Alfazema
Festival da Mente, deusa romana da inteligência e da espirituosidade

9/5 quinta-feira
Signo da Lua: Gêmeos
Fase da Lua: Nova
Cor: Azul-marinho ☀ Incenso: Erva-cidreira
Lemúrias, festas romanas para afastar os Lêmures, maus espíritos, celebradas também nos dias 11 e 13 de maio

10/5 sexta-feira
Signo da Lua: Gêmeos
Fase da Lua: Nova
Início LFC: 22h50
Cor: Amarelo ☼ Incenso: Sálvia

11/5 sábado
Signo da Lua: Câncer à 0h14
Fase da Lua: Nova
Final LFC: 0h14
Cor: Cor-de-rosa ☼ Incenso: Arruda

12/5 domingo
Signo da Lua: Câncer
Fase da Lua: Nova
Cor: Cinza ☼ Incenso: Manjericão
Dia das Mães

13/5 segunda-feira
Signo da Lua: Leão às 7h37
Fase da Lua: Nova
Início LFC: 6h14
Final LFC: 7h37
Cor: Amarelo ☼ Incenso: Jasmim

14/5 terça-feira
Signo da Lua: Leão
Fase da Lua: Nova
Cor: Azul-marinho ☼ Incenso: Sândalo

15/5 quarta-feira
Signo da Lua: Virgem às 18h34
Fase da Lua: Crescente às 8h49
Início LFC: 13h42
Final LFC: 18h34
Cor: Verde ☼ Incenso: Rosas
Mercuriais, festas romanas em honra de Mercúrio, deus do comércio

16/5 quinta-feira
Signo da Lua: Virgem
Fase da Lua: Crescente
Cor: Preto ☼ Incenso: Manjericão

17/5 sexta-feira
Signo da Lua: Virgem
Fase da Lua: Crescente
Cor: Vermelho ☼ Incenso: Canela
Festival de Dea Dia, a deusa em seu aspecto cosmos, mãe de todos nós

18/5 sábado
Signo da Lua: Libra às 7h24
Fase da Lua: Crescente
Início LFC: 6h10
Final LFC: 7h24
Cor: Cinza ☼ Incenso: Erva-cidreira
Dia consagrado a Apolo, deus greco-romano da música, da poesia, da divinação e da luz do sol

19/5 domingo
Signo da Lua: Libra
Fase da Lua: Crescente
Início LFC: 12h49
Cor: Branco ☼ Incenso: Violetas

20/5 segunda-feira
Signo da Lua: Escorpião às 19h35
Fase da Lua: Crescente
Final LFC: 19h35
O Sol entra em Gêmeos às 10h01
Cor: Amarelo ☼ Incenso: Dama-da-noite
Dia de Atenas na Grécia

21/5 terça-feira
Signo da Lua: Escorpião
Fase da Lua: Crescente
Cor: Lilás ☼ Incenso: Alfazema
Celebração da deusa celta Maeve, deusa da sabedoria da terra

22/5 quarta-feira
Signo da Lua: Escorpião
Fase da Lua: Crescente
Cor: Laranja ☼ Incenso: Sálvia

23/5 quinta-feira
Signo da Lua: Sagitário às 5h25
Fase da Lua: Cheia às 10h54
Início LFC: 4h29
Final LFC: 5h25
Cor: Verde ☼ Incenso: Arruda
Festival das Rosas, em homenagem à deusa romana Flora

24/5 sexta-feira
Signo da Lua: Sagitário
Fase da Lua: Cheia
Cor: Roxo ☼ Incenso: Manjericão

25/5 sábado
Signo da Lua: Capricórnio às 12h37
Fase da Lua: Cheia
Início LFC: 11h48
Final LFC: 12h37
Cor: Vermelho ☼ Incenso: Dama-da-noite

26/5 domingo
Signo da Lua: Capricórnio
Fase da Lua: Cheia
Cor: Laranja ☼ Incenso: Canela

27/5 segunda-feira
Signo da Lua: Aquário às 17h46
Fase da Lua: Cheia
Início LFC: 17h03
Final LFC: 17h46
Cor: Branco ☼ Incenso: Erva-cidreira

28/5 terça-feira
Signo da Lua: Aquário
Fase da Lua: Cheia
Cor: Roxo ☼ Incenso: Violetas

29/5 quarta-feira
Signo da Lua: Peixes às 21h34
Fase da Lua: Cheia
Início LFC: 11h21
Final LFC: 21h34
Cor: Azul-marinho ☼ Incenso: Sândalo

30/5 quinta-feira
Signo da Lua: Peixes
Fase da Lua: Minguante às 14h14
Cor: Lilás ☼ Incenso: Canela
Corpus Christi

31/5 sexta-feira
Signo da Lua: Peixes
Fase da Lua: Minguante
Início LFC: 23h56
Cor: Amarelo ☼ Incenso: Dama-da-noite
Selistérnio romano, festival de Ísis como Stella Maris (Estrela do Mar)

Junho de 2024

O nome do mês de junho deriva da grande Deusa Mãe dos romanos, Juno, a Hera grega. Como Juno é a guardiã divina do sexo feminino, o mês de junho é muito favorável para casamentos. Em 21 de junho ou nas proximidades dessa data é o solstício de verão, o festival do Meio de Verão, o anglo-saxão Litha. Os povos europeus celebravam o solstício de verão com vários rituais, encantamentos, práticas oraculares, festas, danças e feiras. A pedra natal de junho é a ágata.

1/6 sábado
Signo da Lua: Áries a 0h29
Fase da Lua: Minguante
Final LFC: 0h29
Cor: Azul ☼ Incenso: Sálvia

Festival consagrado a Carna, a deusa romana das portas e fechaduras, protetora da vida familiar.
Festa romana de Juno Moneta

2/6 domingo
Signo da Lua: Áries
Fase da Lua: Minguante
Início LFC: 19h05
Cor: Laranja ☼ Incenso: Arruda
Dia consagrado à Mãe Terra, em seu aspecto fértil

3/6 segunda-feira
Signo da Lua: Touro às 2h56
Fase da Lua: Minguante (Lua Negra)
Final LFC: 2h56
Cor: Verde ☼ Incenso: Manjericão
Belonárias, festas romanas em honra de Belona, deusa da guerra

4/6 terça-feira
Signo da Lua: Touro
Fase da Lua: Minguante (Lua Negra)
Cor: Preto ☼ Incenso: Rosas

5/6 quarta-feira
Signo da Lua: Gêmeos às 5h37
Fase da Lua: Minguante (Lua Negra)
Início LFC: 5h10
Final LFC: 5h37
Cor: Vermelho ☼ Incenso: Sândalo

6/6 quinta-feira
Signo da Lua: Gêmeos
Fase da Lua: Nova às 9h39
Cor: Cinza ☼ Incenso: Sálvia

7/6 sexta-feira
Signo da Lua: Câncer às 9h42
Fase da Lua: Nova
Início LFC: 9h17
Final LFC: 9h42
Cor: Cor-de-rosa ☼ Incenso: Jasmim
Vestálias, festas romanas em honra de Vesta, deusa do fogo doméstico

8/6 sábado
Signo da Lua: Câncer
Fase da Lua: Nova
Cor: Amarelo ☼ Incenso: Alfazema
Festival romano da consciência, personificado pela deusa Mens, a mente

9/6 domingo
Signo da Lua: Leão às 16h30
Fase da Lua: Nova
Início LFC: 16h07
Final LFC: 16h30
Cor: Branco ☼ Incenso: Manjericão

10/6 segunda-feira
Signo da Lua: Leão
Fase da Lua: Nova
Cor: Roxo ☼ Incenso: Rosas

11/6 terça-feira
Signo da Lua: Leão
Fase da Lua: Nova
Início LFC: 16h18
Cor: Azul-marinho ☼ Incenso: Dama-da-noite
Matrálias, festas romanas em honra de Matuta, padroeira das tias

12/6 quarta-feira
Signo da Lua: Virgem às 2h40
Fase da Lua: Nova
Final LFC: 2h40
Cor: Lilás ☼ Incenso: Violetas
Véspera de Santo Antônio, dia tradicional das simpatias de amor
Dia dos Namorados

13/6 quinta-feira
Signo da Lua: Virgem
Fase da Lua: Nova

Cor: Amarelo ☼ Incenso: Erva-cidreira
Dia de Santo Antônio

14/6 sexta-feira
Signo da Lua: Libra às 15h13
Fase da Lua: Crescente às 2h20
Início LFC: 14h55
Final LFC: 15h13
Cor: Azul ☼ Incenso: Canela

15/6 sábado
Signo da Lua: Libra
Fase da Lua: Crescente
Cor: Laranja ☼ Incenso: Sândalo

16/6 domingo
Signo da Lua: Libra
Fase da Lua: Crescente
Início LFC: 3h06
Cor: Verde ☼ Incenso: Sálvia

17/6 segunda-feira
Signo da Lua: Escorpião às 3h39
Fase da Lua: Crescente
Final LFC: 3h39
Cor: Vermelho ☼ Incenso: Arruda
Festival romano de Ludi Piscatari, festival dos pescadores

18/6 terça-feira
Signo da Lua: Escorpião
Fase da Lua: Crescente
Cor: Cor-de-rosa ☼ Incenso: Alfazema

19/6 quarta-feira
Signo da Lua: Sagitário às 13h33
Fase da Lua: Crescente
Início LFC: 13h20
Final LFC: 13h33
Cor: Branco ☼ Incenso: Manjericão
Dia de Cerridween no paganismo

20/6 quinta-feira
Signo da Lua: Sagitário
Fase da Lua: Crescente
O Sol entra em Câncer às 17h52
Início do Inverno às 17h52
Cor: Roxo ☼ Incenso: Rosas
Litha: Solstício de Verão (HN)
Yule: Solstício de Inverno (HS)

21/6 sexta-feira
Signo da Lua: Capricórnio às 20h10
Fase da Lua: Cheia às 22h09
Início LFC: 19h59
Final LFC: 20h10
Cor: Azul-marinho ☼
  Incenso: Dama-da-noite

22/6 sábado
Signo da Lua: Capricórnio
Fase da Lua: Cheia
Cor: Lilás ☼ Incenso: Violetas
Dia de Cu Chulainn no druidismo

23/6 domingo
Signo da Lua: Capricórnio
Fase da Lua: Cheia
Cor: Amarelo ☼ Incenso: Erva-cidreira
Véspera de São João, dia tradicional das comemorações do solstício de verão no Hemisfério Norte.

24/6 segunda-feira
Signo da Lua: Aquário à 0h15
Fase da Lua: Cheia
Início LFC: 0h07
Final LFC: 0h15
Cor: Azul ☼ Incenso: Canela
Dia de São João

25/6 terça-feira
Signo da Lua: Aquário
Fase da Lua: Cheia
Início LFC: 19h31
Cor: Laranja ☼ Incenso: Sândalo

26/6 quarta-feira
Signo da Lua: Peixes às 3h09
Fase da Lua: Cheia
Final LFC: 3h09
Cor: Verde ☼ Incenso: Lavanda

27/6 quinta-feira
Signo da Lua: Peixes
Fase da Lua: Cheia
Cor: Preto ☼ Incenso: Manjericão
Início do festival romano de Initium Aestatis, festival do início do verão

28/6 sexta-feira
Signo da Lua: Áries às 5h53
Fase da Lua: Minguante às 18h55
Início LFC: 5h46
Final LFC: 5h53
Cor: Vermelho ☼ Incenso: Rosas

29/6 sábado
Signo da Lua: Áries
Fase da Lua: Minguante
Dia de São Pedro
Cor: Cinza ☼ Incenso: Dama-da-noite
Dia de São Pedro

30/6 domingo
Signo da Lua: Touro às 9h01
Fase da Lua: Minguante
Início LFC: 1h58
Final LFC: 9h01
Cor: Cor-de-rosa ☼ Incenso: Violetas

Julho de 2024

Julho recebeu esse nome graças a Júlio César, que reorganizou o antes caótico calendário romano, dando-lhe a forma do calendário juliano. Esse novo calendário foi implantado no ano 46 a.C., conhecido como o ano da confusão, depois do caos provocado pela troca de calendários. O calendário juliano tornou-se o mais usado no Ocidente nos 1600 anos seguintes. Foi substituído nos países católicos pelo calendário gregoriano no ano de 1582. A pedra de julho é o rubi.

1/7 segunda-feira
Signo da Lua: Touro
Fase da Lua: Minguante
Cor: Branco ☼ Incenso: Arruda

2/7 terça-feira
Signo da Lua: Gêmeos às 12h51
Início LFC: 12h44
Final LFC: 12h51
Fase da Lua: Minguante (Lua Negra)
Cor: Azul-marinho ☼ Incenso: Sálvia

3/7 quarta-feira
Signo da Lua: Gêmeos
Fase da Lua: Minguante (Lua Negra)
Cor: Roxo ☼ Incenso: Manjericão
Festival celta celebrando a deusa Cerridwen, a Detentora do caldeirão Sagrado.

4/7 quinta-feira
Signo da Lua: Câncer às 17h53
Fase da Lua: Minguante (Lua Negra)
Início LFC: 17h45
Final LFC: 17h53
Cor: Azul-marinho ☼ Incenso: Canela

5/7 sexta-feira
Signo da Lua: Câncer
Fase da Lua: Nova às 19h59
Cor: Lilás ☼ Incenso: Sândalo

6/7 sábado
Signo da Lua: Câncer
Fase da Lua: Nova
Cor: Laranja ☀ Incenso: Violetas

7/7 domingo
Signo da Lua: Leão à 0h57
Fase da Lua: Nova
Início LFC: 0h49
Final LFC: 0h57
Cor: Verde ☀ Incenso: Dama-da-noite
Festival romano da Consuália, em homenagem a Consus, o deus da colheita

8/7 segunda-feira
Signo da Lua: Leão
Fase da Lua: Nova
Cor: Preto ☀ Incenso: Rosas

9/7 terça-feira
Signo da Lua: Virgem às 10h49
Fase da Lua: Nova
Início LFC: 3h05
Final LFC: 10h49
Cor: Vermelho ☀ Incenso: Manjericão
Revolução Constitucionalista de 1932

10/7 quarta-feira
Signo da Lua: Virgem
Fase da Lua: Nova
Cor: Cinza ☀ Incenso: Alfazema

11/7 quinta-feira
Signo da Lua: Libra às 23h08
Fase da Lua: Nova
Início LFC: 22h56
Final LFC: 23h08
Cor: Cor-de-rosa ☀ Incenso: Arruda
Dia do deus egípcio Hórus

12/7 sexta-feira
Signo da Lua: Libra
Fase da Lua: Nova
Cor: Branco ☀ Incenso: Sálvia
Dia do deus egípcio Set
Adônia, festa grega do amor

13/7 sábado
Signo da Lua: Libra
Fase da Lua: Crescente às 19h50
Início LFC: 19h50
Cor: Roxo ☀ Incenso: Dama-da-noite

14/7 domingo
Signo da Lua: Escorpião às 11h54
Fase da Lua: Crescente
Final LFC: 11h54
Cor: Azul ☀ Incenso: Rosas

15/7 segunda-feira
Signo da Lua: Escorpião
Fase da Lua: Crescente
Cor: Lilás ☀ Incenso: Manjericão
Dia da deusa egípcia Néftis

16/7 terça-feira
Signo da Lua: Sagitário às 22h26
Fase da Lua: Crescente
Início LFC: 22h12
Final LFC: 22h26
Cor: Amarelo ☀ Incenso: Alfazema

17/7 quarta-feira
Signo da Lua: Sagitário
Fase da Lua: Crescente
Cor: Azul ☀ Incenso: Arruda
Noite egípcia do Berço

18/7 quinta-feira
Signo da Lua: Sagitário
Fase da Lua: Crescente
Cor: Laranja ☀ Incenso: Jasmim
Noite egípcia da Gota

19/7 sexta-feira
Signo da Lua: Capricórnio às 5h15
Fase da Lua: Crescente
Início LFC: 4h59
Final LFC: 5h15
Cor: Verde ☼ Incenso: Canela

20/7 sábado
Signo da Lua: Capricórnio
Fase da Lua: Crescente
Cor: Preto ☼ Incenso: Sândalo

21/7 domingo
Signo da Lua: Aquário às 8h44
Fase da Lua: Cheia às 7h18
Início LFC: 8h27
Final LFC: 8h44
Cor: Vermelho ☼ Incenso: Violetas

22/7 segunda-feira
Signo da Lua: Aquário
Fase da Lua: Cheia
O Sol entra em Leão às 4h46
Cor: Cinza ☼ Incenso: Dama-da-noite

23/7 terça-feira
Signo da Lua: Peixes às 10h24
Fase da Lua: Cheia
Início LFC: 6h59
Final LFC: 10h24
Cor: Cor-de-rosa ☼ Incenso: Rosas
Neptunais, festas e jogos romanos em honra de Netuno, deus dos mares

24/7 quarta-feira
Signo da Lua: Peixes
Fase da Lua: Cheia
Cor: Branco ☼ Incenso: Manjericão

25/7 quinta-feira
Signo da Lua: Áries às 11h53
Fase da Lua: Cheia
Início LFC: 11h33
Final LFC: 11h53
Cor: Roxo ☼ Incenso: Alfazema

26/7 sexta-feira
Signo da Lua: Áries
Fase da Lua: Cheia
Início LFC: 19h16
Cor: Azul-marinho ☼ Incenso: Arruda

27/7 sábado
Signo da Lua: Touro às 14h24
Fase da Lua: Minguante às 23h53
Final LFC: 14h24
Cor: Cor-de-rosa ☼ Incenso: Sálvia

28/7 domingo
Signo da Lua: Touro
Fase da Lua: Minguante
Cor: Branco ☼ Incenso: Violetas

29/7 segunda-feira
Signo da Lua: Gêmeos às 18h29
Fase da Lua: Minguante
Início LFC: 18h01
Final LFC: 18h29
Cor: Roxo ☼ Incenso: Dama-da-noite

30/7 terça-feira
Signo da Lua: Gêmeos
Fase da Lua: Minguante
Cor: Azul-marinho ☼ Incenso: Manjericão

31/7 quarta-feira
Signo da Lua: Gêmeos
Fase da Lua: Minguante
Início LFC: 23h47
Cor: Lilás ☼ Incenso: Rosas

Agosto de 2024

Agosto tem esse nome graças ao primeiro imperador romano, Augusto César. No primeiro dia deste mês comemora-se o festival de Lammas. Muitos pagãos o chamam de Lughnassadh, a pronúncia irlandesa do nome moderno irlandês Lunasa. Lammas é a primeira colheita do ano, a colheita dos grãos. Esse mês é consagrado ao deus da sabedoria, Lugh. A pedra natal de agosto é a sardônica, um tipo de ônix.

1/8 quinta-feira
Signo da Lua: Câncer à 0h20
Fase da Lua: Minguante (Lua Negra)
Final LFC: 0h20
Cor: Laranja ☼ Incenso: Manjericão
Festival de Lug, deus-herói celta
Lammas (HN)
Imbolc (HS)

2/8 sexta-feira
Signo da Lua: Câncer
Fase da Lua: Minguante (Lua Negra)
Cor: Verde ☼ Incenso: Alfazema

3/8 sábado
Signo da Lua: Leão às 8h11
Fase da Lua: Minguante (Lua Negra)
Início LFC: 7h33
Final LFC: 8h11
Cor: Preto ☼ Incenso: Arruda

4/8 domingo
Signo da Lua: Leão
Fase da Lua: Nova às 8h14
Cor: Vermelho ☼ Incenso: Sálvia

5/8 segunda-feira
Signo da Lua: Virgem às 18h18
Fase da Lua: Nova
Início LFC: 12h17
Final LFC: 18h18
Cor: Cinza ☼ Incenso: Erva-cidreira

6/8 terça-feira
Signo da Lua: Virgem
Fase da Lua: Nova
Cor: Cor-de-rosa ☼ Incenso: Dama-da-noite

7/8 quarta-feira
Signo da Lua: Virgem
Fase da Lua: Nova
Cor: Lilás ☼ Incenso: Sálvia
Festa egípcia da Inebriação em honra a Hathor

8/8 quinta-feira
Signo da Lua: Libra às 6h33
Fase da Lua: Nova
Início LFC: 5h41
Final LFC: 6h33
Cor: Amarelo ☼ Incenso: Lavanda

9/8 sexta-feira
Signo da Lua: Libra
Fase da Lua: Nova
Início LFC: 18h46
Cor: Azul ☼ Incenso: Violetas
Festival dos Espíritos do Fogo no neopaganismo

10/8 sábado
Signo da Lua: Escorpião às 19h35
Fase da Lua: Nova
Final LFC: 19h35
Cor: Branco ☼ Incenso: Canela

11/8 domingo
Signo da Lua: Escorpião
Fase da Lua: Nova
Cor: Cor-de-rosa ☼ Incenso: Sândalo
Dia dos Pais

12/8 segunda-feira
Signo da Lua: Escorpião
Fase da Lua: Crescente às 12h20
Cor: Amarelo ☼ Incenso: Manjericão
Festival egípcio das Luzes de Ísis

13/8 terça-feira
Signo da Lua: Sagitário às 7h02
Fase da Lua: Crescente
Início LFC: 6h02
Final LF ☼ Incenso: Alfazema
Festival da deusa Hécate, deusa que protege dos perigos e das maldições

14/8 quarta-feira
Signo da Lua: Sagitário
Fase da Lua: Crescente
Cor: Laranja ☼ Incenso: Arruda

15/8 quinta-feira
Signo da Lua: Capricórnio às 14h52
Fase da Lua: Crescente
Início LFC: 13h53
Final LFC: 14h52
Cor: Verde ☼ Incenso: Sálvia
Nemorálias romanas, festa das mulheres e da luz

16/8 sexta-feira
Signo da Lua: Capricórnio
Fase da Lua: Crescente
Cor: Vermelho ☼ Incenso: Dama-da-noite

17/8 sábado
Signo da Lua: Aquário às 18h46
Fase da Lua: Crescente
Início LFC: 17h44
Final LFC: 18h46
Cor: Laranja ☼ Incenso: Erva-cidreira
Portumnálias, festas romanas em honra de Portumno, deus dos portos

18/8 domingo
Signo da Lua: Aquário
Fase da Lua: Crescente
Cor: Cinza ☼ Incenso: Rosas

19/8 segunda-feira
Signo da Lua: Peixes às 19h53
Fase da Lua: Cheia às 15h27 (Lua Rosa)
Início LFC: 15h27
Final LFC: 19h53
Cor: Cor-de-rosa ☼ Incenso: Erva-cidreira
Vinálias, festas romanas em honra de Vênus, deusa do amor

20/8 terça-feira
Signo da Lua: Peixes
Fase da Lua: Cheia
Cor: Laranja ☼ Incenso: Sândalo

21/8 quarta-feira
Signo da Lua: Áries às 20h03
Fase da Lua: Cheia
Início LFC: 18h55
Final LFC: 20h03
Cor: Preto ☼ Incenso: Sálvia
Consuálias, festas romanas em honra de Conso, deus do conselho

22/8 quinta-feira
Signo da Lua: Áries
Fase da Lua: Cheia
O Sol entra em Virgem às 11h56
Cor: Lilás ☼ Incenso: Canela

23/8 sexta-feira
Signo da Lua: Touro às 21h01
Fase da Lua: Cheia

Início LFC: 9h46
Final LFC: 21h01
Cor: Verde ☼ Incenso: Manjericão
Vulcanálias, festival romano em honra de Vulcano, deus do fogo e dos vulcões
Dia da deusa grega Nêmesis, defensora das relíquias e da memória dos mortos

24/8 sábado
Signo da Lua: Touro
Fase da Lua: Cheia
Cor: Vermelho ☼ Incenso: Arruda
Festival em homenagem aos Manes, espíritos dos ancestrais

25/8 domingo
Signo da Lua: Touro
Fase da Lua: Cheia
Início LFC: 22h42
Cor: Cor-de-rosa ☼ Incenso: Rosas
Opiconsívias

26/8 segunda-feira
Signo da Lua: Gêmeos à 0h05
Fase da Lua: Minguante às 6h27
Final LFC: 0h05
Cor: Amarelo ☼ Incenso: Sândalo

27/8 terça-feira
Signo da Lua: Gêmeos
Fase da Lua: Minguante
Cor: Azul ☼ Incenso: Dama-da-noite

28/8 quarta-feira
Signo da Lua: Câncer às 5h49
Fase da Lua: Minguante
Início LFC: 4h15
Final LFC: 5h49
Cor: Branco ☼ Incenso: Erva-cidreira

29/8 quinta-feira
Signo da Lua: Câncer
Fase da Lua: Minguante
Cor: Lilás ☼ Incenso: Sálvia

30/8 sexta-feira
Signo da Lua: Leão às 14h10
Fase da Lua: Minguante (Lua Negra)
Início LFC: 12h26
Final LFC: 14h10
Cor: Cinza ☼ Incenso: Alfazema

31/8 sábado
Signo da Lua: Leão
Fase da Lua: Minguante (Lua Negra)
Cor: Verde ☼ Incenso: Manjericão

Setembro de 2024

Setembro tem esse nome porque é o sétimo mês do calendário romano. Os nomes dos três meses seguintes também foram nomeados desse modo. A deusa Pomona, patrona das frutas e das árvores frutíferas, é a deusa regente do mês de setembro. Em vários países do hemisfério Norte, era celebrado o equinócio de outono, chamado de Mabon. Reconhecia-se e comemorava-se a diminuição da luz, do calor e do ritmo de vida. A pedra de setembro é a safira.

1/9 domingo
Signo da Lua: Leão
Fase da Lua: Minguante (Lua Negra)
Início LFC: 21h26
Cor: Laranja ☼ Incenso: Sândalo

2/9 segunda-feira
Signo da Lua: Virgem à 0h50
Fase da Lua: Nova às 22h57
Final LFC: 0h50
Cor: Verde ☀ Incenso: Rosas
Festejos a Ariadne e a Dioniso na Grécia

3/9 terça-feira
Signo da Lua: Virgem
Fase da Lua: Nova
Cor: Vermelho ☀ Incenso: Erva-cidreira

4/9 quarta-feira
Signo da Lua: Libra às 13h13
Fase da Lua: Nova
Início LFC: 13h08
Final LFC: 13h13
Cor: Cinza ☀ Incenso: Manjericão

5/9 quinta-feira
Signo da Lua: Libra
Fase da Lua: Nova
Cor: Cor-de-rosa ☀ Incenso: Arruda

6/9 sexta-feira
Signo da Lua: Libra
Fase da Lua: Nova
Cor: Azul-marinho ☀ Incenso: Violetas

7/9 sábado
Signo da Lua: Escorpião às 2h20
Fase da Lua: Nova
Início LFC: 2h10
Final LFC: 2h20
Cor: Amarelo ☀ Incenso: Lavanda
Independência do Brasil

8/9 domingo
Signo da Lua: Escorpião
Fase da Lua: Nova
Cor: Azul ☀ Incenso: Sândalo

9/9 segunda-feira
Signo da Lua: Sagitário às 14h27
Fase da Lua: Nova
Início LFC: 14h13
Final LFC: 14h27
Cor: Lilás ☀ Incenso: Dama-da-noite

10/9 terça-feira
Signo da Lua: Sagitário
Fase da Lua: Nova
Cor: Laranja ☀ Incenso: Rosas

11/9 quarta-feira
Signo da Lua: Capricórnio às 23h39
Fase da Lua: Crescente às 3h07
Início LFC: 21h22
Final LFC: 23h39
Cor: Cor-de-rosa ☀ Incenso: Canela
Dias das Rainhas no Egito

12/9 quinta-feira
Signo da Lua: Capricórnio
Fase da Lua: Crescente
Cor: Lilás ☀ Incenso: Manjericão

13/9 sexta-feira
Signo da Lua: Capricórnio
Fase da Lua: Crescente
Cor: Verde ☀ Incenso: Alfazema
Festival romano do Lectistérnio, em homenagem a Júpiter, Juno e Minerva, praticado nos tempos de calamidade pública

14/9 sábado
Signo da Lua: Aquário às 4h55
Fase da Lua: Crescente
Início LFC: 4h36
Final LFC: 4h55
Cor: Cor-de-rosa ☀ Incenso: Sândalo

15/9 domingo
Signo da Lua: Aquário
Fase da Lua: Crescente
Cor: Amarelo ☀ Incenso: Rosas

16/9 segunda-feira
Signo da Lua: Peixes às 6h40
Fase da Lua: Crescente
Início LFC: 2h05
Final LFC: 6h40
Cor: Azul ☀ Incenso: Manjericão

17/9 terça-feira
Signo da Lua: Peixes
Fase da Lua: Cheia às 23h36
Eclipse parcial da Lua às 23h36
Cor: Preto ☀ Incenso: Erva-cidreira
Honras a Deméter na Grécia
Celebração egípcia do aniversário de Hathor

18/9 quarta-feira
Signo da Lua: Áries às 6h25
Fase da Lua: Cheia
Início LFC: 6h04
Final LFC: 6h25
Cor: Cinza ☀ Incenso: Alfazema

19/9 quinta-feira
Signo da Lua: Áries
Fase da Lua: Cheia
Cor: Laranja ☀ Incenso: Arruda
Festival egípcio em honra a Thoth, deus da sabedoria e da magia

20/9 sexta-feira
Signo da Lua: Touro às 6h04
Fase da Lua: Cheia
Início LFC: 5h40
Final LFC: 6h04
Cor: Lilás ☀ Incenso: Sálvia

21/9 sábado
Signo da Lua: Touro
Fase da Lua: Cheia
Cor: Cor-de-rosa ☀ Incenso: Dama-da-noite
Festival egípcio da Vida Divina, dedicado a deusa tríplice
Mistérios Eleusinos Maiores

22/9 domingo
Signo da Lua: Gêmeos às 7h25
Fase da Lua: Cheia
Início LFC: 7h15
Final LFC: 7h25
O Sol entra em Libra às 9h45
Início da Primavera às 9h45
Cor: Branco ☀ Incenso: Erva-cidreira
Mabon: Equinócio de Outono (HN)
Ostara: Equinócio de Primavera (HS)

23/9 segunda-feira
Signo da Lua: Gêmeos
Fase da Lua: Cheia
Cor: Azul-marinho ☀ Incenso: Sândalo

24/9 terça-feira
Signo da Lua: Câncer às 11h51
Fase da Lua: Minguante às 15h51
Início LFC: 9h00
Final LFC: 11h51
Cor: Laranja ☀ Incenso: Dama-da-noite

25/9 quarta-feira
Signo da Lua: Câncer
Fase da Lua: Minguante
Cor: Amarelo ☀ Incenso: Sândalo

26/9 quinta-feira
Signo da Lua: Leão às 19h48
Fase da Lua: Minguante
Início LFC: 19h13
Final LFC: 19h48
Cor: Branco ☀ Incenso: Jasmim
Festival chinês a Chang-O, deusa da Lua

27/9 sexta-feira
Signo da Lua: Leão
Fase da Lua: Minguante
Cor: Roxo ☀ Incenso: Sálvia

28/9 sábado
Signo da Lua: Leão
Fase da Lua: Minguante
Cor: Cor-de-rosa ☼ Incenso: Rosas
Festival a Deméter na Grécia

29/9 domingo
Signo da Lua: Virgem às 6h43
Fase da Lua: Minguante (Lua Negra)
Início LFC: 0h37
Final LFC: 6h43
Cor: Preto ☼ Incenso: Arruda

30/9 segunda-feira
Signo da Lua: Virgem
Fase da Lua: Minguante (Lua Negra)
Cor: Cinza ☼ Incenso: Alfazema
Dia de oferendas a Medetrina, deusa romana da medicina

Outubro de 2024

Outubro, o oitavo mês do ano no calendário romano, é consagrado à deusa Astreia, filha de Zeus e Têmis, que vivia entre os homens durante a Era de Ouro. O último dia de outubro, o Halloween, é o primeiro dia regido pela deusa Samhain. O festival de Samhain começa no pôr do sol do dia 31 de outubro, o Ano Novo da tradição celta. Por tradição, essa é a época das primeiras geadas e da última colheita. A pedra natal deste mês é a opala.

1/10 terça-feira
Signo da Lua: Libra às 19h21
Fase da Lua: Minguante (Lua Negra)
Início LFC: 18h40
Final LFC: 19h21
Cor: Cor-de-rosa ☼ Incenso: Erva-cidreira
Festival de Fidius, deusa romana da boa-fé

2/10 quarta-feira
Signo da Lua: Libra
Fase da Lua: Nova às 15h50
Eclipse anular do Sol às 15h50
Cor: Branco ☼ Incenso: Sálvia
Dia dos Guias Espirituais na Wicca

3/10 quinta-feira
Signo da Lua: Libra
Fase da Lua: Nova
Cor: Lilás ☼ Incenso: Alfazema
Festival de Dioniso
Festa egípcia das Lamentações

4/10 sexta-feira
Signo da Lua: Escorpião às 8h23
Fase da Lua: Nova
Início LFC: 7h42
Final LFC: 8h23
Cor: Amarelo ☼ Incenso: Rosas
Cerimônia a Ceres, deusa da agricultura

5/10 sábado
Signo da Lua: Escorpião
Fase da Lua: Nova
Cor: Azul ☼ Incenso: Canela

6/10 domingo
Signo da Lua: Sagitário às 20h35
Fase da Lua: Nova
Início LFC: 19h54
Final LFC: 20h35
Cor: Laranja ☼ Incenso: Sândalo

7/10 segunda-feira
Signo da Lua: Sagitário
Fase da Lua: Nova
Cor: Verde ☼ Incenso: Sálvia

8/10 terça-feira
Signo da Lua: Sagitário
Fase da Lua: Nova
Cor: Preto ☼ Incenso: Arruda
Chung Yeung, festival da sorte na China

9/10 quarta-feira
Signo da Lua: Capricórnio às 6h39
Fase da Lua: Nova
Início LFC: 2h55
Final LFC: 6h39
Cor: Vermelho ☼ Incenso: Alfazema
Festa de Felicidade, deusa romana da sorte e da alegria

10/10 quinta-feira
Signo da Lua: Capricórnio
Fase da Lua: Crescente às 15h56
Cor: Cinza ☼ Incenso: Rosas

11/10 sexta-feira
Signo da Lua: Aquário às 13h32
Fase da Lua: Crescente
Início LFC: 12h54
Final LFC: 13h32
Cor: Cor-de-rosa ☼ Incenso: Manjericão
Dia da Anciã das Árvores na Wicca
Meditrinálias, festas romanas em honra de Meditrina, deusa da cura

12/10 sábado
Signo da Lua: Aquário
Fase da Lua: Crescente
Cor: Branco ☼ Incenso: Dama-da-noite
Festival da Fortuna Redux, deusa romana das viagens e dos retornos seguros
Dia de Nossa Senhora Aparecida

13/10 domingo
Signo da Lua: Peixes às 16h56
Fase da Lua: Crescente
Início LFC: 11h12
Final LFC: 16h56
Cor: Amarelo ☼ Incenso: Violetas
Fontinálias, festas romanas em honra das ninfas das fontes

14/10 segunda-feira
Signo da Lua: Peixes
Fase da Lua: Crescente
Cor: Azul ☼ Incenso: Jasmim

15/10 terça-feira
Signo da Lua: Áries às 17h35
Fase da Lua: Crescente
Início LFC: 17h01
Final LFC: 17h35
Cor: Laranja ☼ Incenso: Canela
Festival de Marte, deus romano da guerra

16/10 quarta-feira
Signo da Lua: Áries
Fase da Lua: Crescente
Cor: Verde ☼ Incenso: Sândalo

17/10 quinta-feira
Signo da Lua: Touro às 17h01
Fase da Lua: Cheia às 8h28 (Lua Rosa)
Início LFC: 16h28
Final LFC: 17h01
Cor: Preto ☼ Incenso: Manjericão

18/10 sexta-feira
Signo da Lua: Touro
Fase da Lua: Cheia
Cor: Vermelho ☼ Incenso: Alfazema
Dia do Deus Astado na Wicca gardneriana

19/10 sábado
Signo da Lua: Gêmeos às 17h08
Fase da Lua: Cheia
Início LFC: 16h35
Final LFC: 17h08
Cor: Cinza ☼ Incenso: Arruda
Armilústrio, festas romanas em honra de Marte, deus da guerra

20/10 domingo
Signo da Lua: Gêmeos
Fase da Lua: Cheia
Cor: Cor-de-rosa ☼ Incenso: Sálvia

21/10 segunda-feira
Signo da Lua: Câncer às 19h51
Fase da Lua: Cheia
Início LFC: 18h01
Final LFC: 19h51
Cor: Branco ☼ Incenso: Rosas

22/10 terça-feira
Signo da Lua: Câncer
Fase da Lua: Cheia
O Sol entra em Escorpião às 19h16
Cor: Roxo ☼ Incenso: Dama-da-noite

23/10 quarta-feira
Signo da Lua: Câncer
Fase da Lua: Cheia
Cor: Lilás ☼ Incenso: Manjericão

24/10 quinta-feira
Signo da Lua: Leão às 2h25
Fase da Lua: Minguante às 5h04
Início LFC: 1h49
Final LFC: 2h25
Cor: Amarelo ☼ Incenso: Lavanda
Festival do Espírito dos Ares na Wicca e no neopaganismo

25/10 sexta-feira
Signo da Lua: Leão
Fase da Lua: Minguante
Cor: Azul ☼ Incenso: Violetas

26/10 sábado
Signo da Lua: Virgem às 12h49
Fase da Lua: Minguante
Início LFC: 5h05
Final LFC: 12h49
Cor: Laranja ☼ Incenso: Canela

27/10 domingo
Signo da Lua: Virgem
Fase da Lua: Minguante
Cor: Verde ☼ Incenso: Manjericão

28/10 segunda-feira
Signo da Lua: Virgem
Fase da Lua: Minguante
Cor: Preto ☼ Incenso: Alfazema
Festival em honra de Isis no Egito

29/10 terça-feira
Signo da Lua: Libra à 1h31
Fase da Lua: Minguante (Lua Negra)
Início LFC: 0h56
Final LFC: 1h31
Cor: Vermelho ☼ Incenso: Arruda

30/10 quarta-feira
Signo da Lua: Libra
Fase da Lua: Minguante (Lua Negra)
Cor: Cinza ☼ Incenso: Sândalo

31/10 quinta-feira
Signo da Lua: Escorpião às 14h30
Fase da Lua: Minguante (Lua Negra)
Início LFC: 13h58
Final LFC: 14h30
Cor: Cor-de-rosa ☼ Incenso: Jasmim
Samhain – Halloween (HN)
Beltane (HS)

Novembro de 2024

Novembro começa com o festival de Samhain, o Dia de Todos os Santos. Na tradição celta, novembro marca o início do ano natural. Samhain era o primeiro dia do antigo ano celta. Embora seja agora o décimo primeiro mês do ano, novembro tem esse nome por ter sido o nono mês do calendário romano. A pedra natal de novembro é o topázio.

1/11 sexta-feira
Signo da Lua: Escorpião
Fase da Lua: Nova às 9h48
Cor: Branco ☼ Incenso: Erva-cidreira
Cailleach's Reign, festival em honra da antiga deusa-anciã celta
Dia de Todos os Santos

2/11 sábado
Signo da Lua: Escorpião
Fase da Lua: Nova
Cor: Roxo ☼ Incenso: Violetas
Dia das Feiticeiras na Ibéria
Dia de Finados

3/11 domingo
Signo da Lua: Sagitário às 2h21
Fase da Lua: Nova
Início LFC: 1h52
Final LFC: 2h21
Cor: Azul-marinho ☼ Incenso: Lavanda

4/11 segunda-feira
Signo da Lua: Sagitário
Fase da Lua: Nova
Cor: Amarelo ☼ Incenso: Sândalo

5/11 terça-feira
Signo da Lua: Capricórnio às 12h18
Fase da Lua: Nova
Início LFC: 7h25
Final LFC: 12h18
Cor: Azul ☼ Incenso: Manjericão

6/11 quarta-feira
Signo da Lua: Capricórnio
Fase da Lua: Nova
Cor: Laranja ☼ Incenso: Arruda
Festival à deusa babilônica Tiamat

7/11 quinta-feira
Signo da Lua: Aquário às 19h59
Fase da Lua: Nova
Início LFC: 19h39
Final LFC:19h59
Cor: Preto ☼ Incenso: Dama-da-noite
Noite da deusa grega Hécate, na Wicca gardneriana

8/11 sexta-feira
Signo da Lua: Aquário
Fase da Lua: Nova
Cor: Vermelho ☼ Incenso: Canela
Festival romano de Mania, em comemoração aos Manes, espíritos do mundo subterrâneo.

9/11 sábado
Signo da Lua: Aquário
Fase da Lua: Crescente às 2h57
Início LFC: 21h25
Cor: Cinza ☼ Incenso: Lavanda

10/11 domingo
Signo da Lua: Peixes à 1h01
Fase da Lua: Crescente
Final LFC: 1h01
Cor: Lilás ☼ Incenso: Rosas

11/11 segunda-feira
Signo da Lua: Peixes
Fase da Lua: Crescente
Cor: Azul-marinho ☼ Incenso: Sândalo
Lunantshees, festival em honra do povo das fadas na Irlanda

12/11 terça-feira
Signo da Lua: Áries às 3h27
Fase da Lua: Crescente
Início LFC: 3h14
Final LFC: 3h27
Cor: Verde ☼ Incenso: Violetas

13/11 quarta-feira
Signo da Lua: Áries
Fase da Lua: Crescente
Cor: Verde ☼ Incenso: Manjericão
Festival romano em honra de Júpiter
Festival romano em honra de Ferônia, a deusa protetora dos libertos

14/11 quinta-feira
Signo da Lua: Touro às 4h00
Fase da Lua: Crescente
Início LFC: 3h51
Final LFC: 4h00
Cor: Preto ☼ Incenso: Alfazema
Festival dos Bardos no druidismo

15/11 sexta-feira
Signo da Lua: Touro
Fase da Lua: Cheia às 18h30
Cor: Branco ☼ Incenso: Arruda
Ferônia, festival pagão do fogo
Proclamação da República

16/11 sábado
Signo da Lua: Gêmeos às 4h10
Fase da Lua: Cheia
Início LFC: 4h04
Final LFC: 4h10
Cor: Roxo ☼ Incenso: Lavanda
Festival das Luzes, que marca o ano novo hindu

17/11 domingo
Signo da Lua: Gêmeos
Fase da Lua: Cheia
Cor: Azul ☼ Incenso: Sálvia

18/11 segunda-feira
Signo da Lua: Câncer às 5h51
Fase da Lua: Cheia
Início LFC: 1h10
Final LFC: 5h51
Cor: Azul-marinho ☼ Incenso: Canela
Ardvi Sura, festival em honra da deusa persa Aerdi, a Mãe das Estrelas

19/11 terça-feira
Signo da Lua: Câncer
Fase da Lua: Cheia
Cor: Amarelo ☼ Incenso: Rosas

20/11 quarta-feira
Signo da Lua: Leão às 10h52
Fase da Lua: Cheia
Início LFC: 8h21
Final LFC: 10h52
Cor: Laranja ☼ Incenso: Arruda
Dia da Consciência Negra

21/11 quinta-feira
Signo da Lua: Leão
Fase da Lua: Cheia
O Sol entra em Sagitário às 16h58
Cor: Verde ☼ Incenso: Manjericão
Celebração da deusa celta Cailleach, senhora da noite e da morte

22/11 sexta-feira
Signo da Lua: Virgem às 20h02
Fase da Lua: Minguante às 22h29
Início LFC: 10h16
Final LFC: 20h02
Cor: Preto ☼ Incenso: Dama-da-noite
Dia dedicado à deusa greco-romana Ártemis/Diana

23/11 sábado
Signo da Lua: Virgem
Fase da Lua: Minguante
Cor: Vermelho ☼ Incenso: Alfazema

24/11 domingo
Signo da Lua: Virgem
Fase da Lua: Minguante
Cor: Cinza ☼ Incenso: Violetas
Tori No Ichi, festival da Boa Fortuna no Japão
Festa a Baba Yaga
Honras às deusas egípcias da maternidade

25/11 segunda-feira
Signo da Lua: Libra às 8h21
Fase da Lua: Minguante
Início LFC: 2h36
Final LFC: 8h21
Cor: Amarelo ☼ Incenso: Lavanda
Dia consagrado a Perséfone, deusa dos subterrâneos

26/11 terça-feira
Signo da Lua: Libra
Fase da Lua: Minguante
Cor: Azul ☼ Incenso: Dama-da-noite
Antigo festival em honra das deusas do fogo no Tibete

27/11 quarta-feira
Signo da Lua: Escorpião às 21h22
Fase da Lua: Minguante
Início LFC: 6h15
Final LFC: 21h22
Cor: Laranja ☼ Incenso: Manjericão
Parvati Devi, festas em honra da deusa tríplice hindu

28/11 quinta-feira
Signo da Lua: Escorpião
Fase da Lua: Minguante (Lua Negra)
Cor: Verde ☼ Incenso: Sálvia
Festival em honra a Sofia, deusa grega do conhecimento

29/11 sexta-feira
Signo da Lua: Escorpião
Fase da Lua: Minguante (Lua Negra)
Cor: Azul-marinho ☼ Incenso: Sândalo

30/11 sábado
Signo da Lua: Sagitário às 8h54
Fase da Lua: Minguante (Lua Negra)
Início LFC: 3h10
Final LFC: 8h54
Cor: Lilás ☼ Incenso: Canela

Dezembro de 2024

O nome deste mês deriva de Décima, uma das três Parcas (*Fates*, em inglês), que decidiam o curso da vida humana. O nome anglo-saxão desse mês era Aerra Geola, "o mês antes de Yule". O maior festival de dezembro é o solstício de inverno (no Hemisfério Norte), também chamado de Yule, Alban Arthuan e Meio do Verão. O festival de Natal é uma amálgama de muitas tradições religiosas, antigas e modernas, pagãs, zoroastras, judaicas, mitraicas e cristãs. A pedra do mês de dezembro é a turquesa.

1/12 domingo
Signo da Lua: Sagitário
Fase da Lua: Nova às 3h23
Cor: Branco ☼ Incenso: Violetas
Festival de Poseidon, deus grego do mar e do renascimento

2/12 segunda-feira
Signo da Lua: Capricórnio às 18h10
Fase da Lua: Nova
Início LFC: 12h48
Final LFC: 18h10
Cor: Cinza ☼ Incenso: Rosas
Hari Kugo, dia das feiticeiras no Japão

3/12 terça-feira
Signo da Lua: Capricórnio
Fase da Lua: Nova
Cor: Amarelo ☼ Incenso: Arruda
Dia da Bona Dea, a deusa da bondade

4/12 quarta-feira
Signo da Lua: Capricórnio
Fase da Lua: Nova
Início LFC: 20h35
Cor: Azul ☼ Incenso: Jasmim
Minerválias, festival em honra da deusa romana Minerva

5/12 quinta-feira
Signo da Lua: Aquário à 1h22
Fase da Lua: Nova
Final LFC: 1h22
Cor: Vermelho ☼ Incenso: Alfazema
Festival em honra do deus grego Poseidon
Festejos à deusa Lucina, senhora da Luz e dos Infantes na Itália

6/12 sexta-feira
Signo da Lua: Aquário
Fase da Lua: Nova
Início LFC: 21h03
Cor: Preto ☼ Incenso: Erva-cidreira

7/12 sábado
Signo da Lua: Peixes à 6h50
Fase da Lua: Nova
Final LFC: 6h50
Cor: Cinza ☼ Incenso: Lavanda

8/12 domingo
Signo da Lua: Peixes
Fase da Lua: Crescente às 12h28
Cor: Amarelo ☼ Incenso: Canela
Festival em honra da deusa egípcia Neit e dia sagrado de Astraea, deusa grega da justiça

9/12 segunda-feira
Signo da Lua: Áries às 10h39
Fase da Lua: Crescente
Início LFC: 5h46
Final LFC: 10h39
Cor: Verde ☼ Incenso: Rosas

10/12 terça-feira
Signo da Lua: Áries
Fase da Lua: Crescente
Início LFC: 19h15
Cor: Verde ☼ Incenso: Arruda
Festival romano de Lux Mundi, a Luz do Mundo e epíteto da deusa da Liberdade.

11/12 quarta-feira
Signo da Lua: Touro às 12h56
Fase da Lua: Crescente
Final LFC: 12h56
Cor: Laranja ☼ Incenso: Dama-da-noite

12/12 quinta-feira
Signo da Lua: Touro
Fase da Lua: Crescente
Cor: Roxo ☼ Incenso: Violetas

13/12 sexta-feira
Signo da Lua: Gêmeos às 14h23
Fase da Lua: Crescente
Início LFC: 9h40
Final LFC: 14h23
Cor: Azul-marinho ☼ Incenso: Alfazema
Dia de Santa Lúcia, ou Pequeno Yule, festival das luzes

14/12 sábado
Signo da Lua: Gêmeos
Fase da Lua: Crescente
Cor: Lilás ☼ Incenso: Sândalo

15/12 domingo
Signo da Lua: Câncer às 16h22
Fase da Lua: Cheia às 6h03
Início LFC: 11h33
Final LFC: 16h22
Cor: Amarelo ☼ Incenso: Canela

16/12 segunda-feira
Signo da Lua: Câncer
Fase da Lua: Cheia
Cor: Branco ☼ Incenso: Rosas

17/12 terça-feira
Signo da Lua: Leão às 20h40
Fase da Lua: Cheia
Início LFC: 15h35
Final LFC: 20h40
Cor: Verde ☼ Incenso: Manjericão
Saturnais, festival em honra de Saturno

18/12 quarta-feira
Signo da Lua: Leão
Fase da Lua: Cheia
Cor: Cinza ☼ Incenso: Arruda

19/12 quinta-feira
Signo da Lua: Leão
Fase da Lua: Cheia
Cor: Roxo ☼ Incenso: Violetas
Eponália, dia dedicado à deusa romana Epona, patrona dos cavalos

20/12 sexta-feira
Signo da Lua: Virgem às 4h38
Fase da Lua: Cheia
Início LFC: 2h21
Final LFC: 4h38
Cor: Azul ☼ Incenso: Manjericão
Opálias, festas romanas em honra de Ops, deusa da abundância

21/12 sábado
Signo da Lua: Virgem
Fase da Lua: Cheia
O Sol entra em Capricórnio às 6h22
Início do Verão às 6h22
Cor: Laranja ☼ Incenso: Erva-cidreira
Ageronaias, festas romanas em honra de Angerona, deusa das cidades e dos campos
Yule – Solstício de Inverno (HN)
Litha – Solstício de Verão (HS)

22/12 domingo
Signo da Lua: Libra às 16h09
Fase da Lua: Minguante às 19h19
Início LFC: 10h28
Final LFC: 16h09
Cor: Roxo ☼ Incenso: Alfazema
Laurentálias, festas romanas em honra de Aça Laurência, ama de Rômulo e Remo

23/12 segunda-feira
Signo da Lua: Libra
Fase da Lua: Minguante
Cor: Lilás ☼ Incenso: Rosas

24/12 terça-feira
Signo da Lua: Libra
Fase da Lua: Minguante
Início LFC: 7h45
Cor: Branco ☼ Incenso: Arruda

25/12 quarta-feira
Signo da Lua: Escorpião às 5h07
Fase da Lua: Minguante
Final LFC: 5h07
Cor: Amarelo ☼ Incenso: Manjericão
Natal

26/12 quinta-feira
Signo da Lua: Escorpião
Fase da Lua: Minguante
Cor: Cinza ☀ Incenso: Dama-da-noite

27/12 sexta-feira
Signo da Lua: Sagitário às 16h48
Fase da Lua: Minguante (Lua Negra)
Início LFC: 11h25
Final LFC: 16h48
Cor: Vermelho ☀ Incenso: Canela
Nascimento de Freia, deusa nórdica da fertilidade, da beleza e do amor

28/12 sábado
Signo da Lua: Sagitário
Fase da Lua: Minguante (Lua Negra)
Cor: Azul ☀ Incenso: Sândalo

29/12 domingo
Signo da Lua: Sagitário
Fase da Lua: Minguante (Lua Negra)
Início LFC: 20h35
Cor: Amarelo ☀ Incenso: Dama-da-noite

30/12 segunda-feira
Signo da Lua: Capricórnio à 1h38
Fase da Lua: Nova às 19h28 (Lua Violeta)
Final LFC: 1h38
Cor: Verde ☀ Incenso: Jasmim

31/12 terça-feira
Signo da Lua: Capricórnio
Fase da Lua: Nova
Cor: Azul ☀ Incenso: Rosas
Véspera de Ano Novo

Obs.: Fontes das datas festivas: *O Anuário da Grande Mãe*, de Mirella Faur; *Calendário Vida e Magia*, de Eddie Van Feu; *Dicionário da Mitologia Latina*, de Tassilo Orpheu Spalding, Editora Cultrix; *Dicionário da Mitologia Grega*, Ruth Guimarães, Editora Cultrix; *O Caminho da Deusa*, Patricia Monaghan, Editora Pensamento.

Conecte-se com seu Eu Divino

A grande maioria das minhas práticas pessoais gira em torno do desenvolvimento de uma conexão com o Divino. Essa conexão com o sagrado me ajuda a enfrentar tempos difíceis, curar velhas feridas e encontrar sentido, propósito e alegria na vida. Às vezes, essa conexão é desenvolvida em rituais ou quando passo algum tempo em meio à natureza, meditando ou rezando. A oração é uma das minhas práticas preferidas, principalmente porque é muito versátil. Ela pode ter certa estrutura ou ser algo mais livre, como me sentar em frente ao meu altar ou no meu carro depois de um dia particularmente difícil e apenas falar abertamente com a Divindade. A oração me lembra de que o sagrado não está apenas por perto quando estou realizando um ritual, mas presente na minha vida o tempo todo, perto de mim sempre, e, mais importante, é algo acessível, com o qual posso interagir a qualquer momento.

Enquanto eu mergulhava na criação da minha própria prática de oração para as divindades que reverencio, percebi que estava deixando passar algo essencial. Eu mesma. Quanto mais eu me concentrava em me conectar com o sagrado fora de mim, mais forte era a mensagem que eu continuava recebendo: "Veja-me dentro de você". Como diz a velha máxima: o que está dentro, também está fora, e vice-versa. Para honrar o Divino verdadeiramente, eu precisava vê-Lo dentro de mim. É fácil sentir admiração e assombro pelas divindades – essas são as forças que criaram o Universo e mantêm toda a vida em movimento, além de terem vasta sabedoria e o poder de mover e moldar nossa vida de maneiras surpreendentes. O que não é tão fácil de reconhecer é aquele fragmento do sagrado que mora dentro de nós. Conhecemos todas as nossas falhas e deficiências, e o mundo nunca nos deixa esquecer delas. Muitas vezes, nos é dito que não somos bons o bastante e, muitas vezes, nos desvalorizamos por causa disso. Ver nosso próprio valor pode ser muito difícil (e isso não é nenhuma surpresa). Parte do motivo pelo qual eu sentia que precisava me conectar mais profundamente com o Divino era a necessidade de calar essas vozes que sussurravam que eu não era boa o suficiente e nunca seria. Parecia um tanto irônico que a mensagem do Divino dissesse para eu olhar para dentro, justamente o que eu estava tentando evitar. Esquecemos que somos sagrados. Comecei a pensar em maneiras de reconhecer o sagrado em mim usando os mesmos métodos que estava usando para me conectar com os deuses.

O conceito de que uma porção do Divino foi concedida à criação está presente na mitologia e na espiritualidade de culturas do mundo todo. Nos mitos da criação, os deuses, ou a fonte divina, criam a vida transmitindo a ela parte de sua essência. Muitas vezes, essa essência é descrita como a "respiração" da divindade. Se você pratica a Cabala, talvez conheça o *rauch* (ru-ak), que, em hebraico, significa "respiração", "vento" ou "espírito". O *rauch*, ou sopro do Divino, foi o que deu alento à vida. Askr e Embla, os primeiros homem e mulher da mitologia nórdica, compartilham um mito de criação semelhante. A dupla foi criada de troncos encontrados pelos deuses Odin, Vili e Ve à beira-mar. Odin lhes deu fôlego, Vili lhes deu raciocínio, e Ve os moldou, dando-lhes forma. Quer chamemos essa peça dotada do Divino de centelha ou sopro, tudo se resume ao conceito de que parte de você se originou dos deuses, independentemente de qualquer forma ou do nome pelo qual você a chama.

Como fazer uma oração ao Eu Divino

Escrever uma oração é como discar um número de telefone. Você vai querer ser específica em relação à energia ou à divindade que está invocando. Se discar o número errado você não vai falar com quem pretendia. Discar o número errado espiritualmente pode levar a todos os tipos de problema. Quando envolve espíritos, pode significar atrair a entidade ou o aspecto errado de uma divindade. Assim como os deuses são multifacetados, nós também o somos. Existem muitas camadas na nossa constituição espiritual e psicológica. Temos muitos nomes e títulos, que vão desde a descrição de nossos relacionamentos com os outros até nomes mágicos que adotamos ou apelidos que apenas nossos amigos usam para nos chamar. Quando procuramos nos conectar com o Divino interior, estamos buscando nos conectar com nosso Eu Superior, não com nosso ego ou nossa sombra, onde moram nossas dúvidas e inseguranças. Essa oração precisa se originar num lugar dentro de nós onde só exista autenticidade. Isso significa nos reconhecer como somos e reafirmar que somos parte do sagrado.

O primeiro passo é nos identificarmos. Você pode fazer isso dizendo seu nome ou nomes, se quiser incluir o nome mágico que usa. Também pode nomear suas características e os relacionamentos que a definam. O segundo passo é reconhecer as coisas que você já fez ou alcançou. Mencionar momentos de progresso e crescimento ou coisas das quais se orgulha seria apropriado. O terceiro passo é nomear seu relacionamento com o mundo espiritual. Talvez você seja sacerdote ou sacerdotisa de certa divindade ou devoto de certa tradição ou ser espiritual. Também pode ser um simples reconhecimento de que parte do Divino reside dentro de você. O quarto passo é fazer um pedido ou agradecer. Esse pode ser o momento em que você demonstra gratidão pelas coisas que tem na vida. Pode ser uma afirmação de que você deseja se ver de maneira mais positiva, uma declaração de positividade em relação ao seu corpo ou a disposição de perdoar a si mesma. Muitas vezes, somos nossos piores críticos e, às vezes, nos oferecer perdão por nossos enganos pode ser um recurso poderoso.

1. Chame o Divino interior.
    a. Identifique-se por seu nome, títulos, características.
    b. Identifique seus relacionamentos; por exemplo, "esposa de _____", "filha de _____" etc.
    c. Afirme que deseja honrar o sagrado em você.

❷ Elogie suas ações e realizações.
   a. Cite as coisas que você tem orgulho de ter alcançado, não importando se essas conquistas lhe pareçam grandes ou pequenas.
   b. Que desafios você superou?
❸ Estabeleça acordos e relacionamento entre você e o Divino.
   a. Cite um relacionamento que você cultive com uma divindade/espírito/caminho espiritual.
   b. Reconheça que o sagrado está dentro e fora de você.
   c. Cite quaisquer títulos que você tenha conquistado no caminho espiritual: sacerdote/sacerdotiza, Bruxa etc.
❹ Agradeça e faça pedidos, se for o caso.
   a. Perdoe a si mesma.
   b. Reafirme seu amor-próprio, demonstre positividade em relação ao seu corpo etc.
   c. Permita-se fazer as coisas em favor de si mesma.
   d. Agradeça pela vida e pelas coisas e pessoas que fazem parte dela.
   e. Ou todos os itens acima.

Honre seu Eu Divino

Gosto muito da ideia de que a essência divina em nós é o sopro de uma deusa ou um deus. Interagimos com e experimentamos o mundo ao nosso redor por meio da respiração. Sentir o cheiro do seu incenso favorito ou de biscoitos recém-assados pode alterar seu humor e suas energias quase instantaneamente. A oração também envolve a respiração, e, como Bruxas, sabemos que as palavras têm poder. Isso torna o trabalho de respiração intencional e o discurso igualmente intencional práticas mágicas fundamentais.

Depois de escrever sua oração, o próximo passo é usá-la. Abordar o processo como ato mágico é indispensável. Antes de fazer a oração em voz alta, passe algum tempo se ancorando e se centrando. Faça várias respirações profundas, e, ao fazê-lo, você pode meditar sobre a ideia do sopro sagrado que anima a vida e acende uma centelha do

Divino dentro de nós. Existem várias técnicas de respiração que você pode usar, incluindo a respiração quádrupla, ou respiração da caixa, que consiste em inspirar contando até quatro, prender a respiração contando até quatro, expirar contando até quatro, depois segurar a respiração com os pulmões vazios contando até quatro. Use qualquer outra técnica com a qual se sinta mais confortável.

Quando você se sentir centrada e pronta para começar, passe alguns momentos se conectando com seu Eu Superior. Como é esse Eu? Como é essa centelha do Divino interior? Ela tem cor ou forma? Você a vê como uma chama interior ou outra coisa?

Deixe essa imagem crescer e se tornar mais nítida. Veja-a sobreposta à sua forma física e brilhando intensamente dentro de você.

Quando estiver pronta, faça a oração que escreveu.

O ideal é tentar fazer disso uma prática regular. Você pode se surpreender com os resultados obtidos e com o modo como isso pode influenciar seu dia. Até mais importante, você pode ver como isso altera sua visão de si mesma. O mundo pode ser uma selva de pedra. Mas, se você deixar sua centelha divina brilhar, isso pode fazer toda a diferença no modo como você vê a vida. Você vai descobrir que o Divino não está mais longe que seu próprio coração.

– Extraído e adaptado de "Connecting to the Divine Self",
de Stephanie Woodfield, *Llewellyn's 2023 Magical Almanac*.

Como Equilibrar sua Vida com Magia

Ter foco e concentração é, provavelmente, o aspecto mais importante da Bruxaria. Aprender a manter o foco enquanto mantém o equilíbrio emocional é uma arte que traz benefícios não só à sua prática da magia, mas também ao seu dia a dia.

À primeira vista, manter-se centrado e focado pode parecer fundamental para um ritual baseado no elemento Ar ou, possivelmente, no elemento Terra. No entanto, se você precisa de enraizamento sólido e profundo, comece com o elemento Água. Claro, o próprio termo "enraizamento" associa o processo à terra, e a ideia de "foco" está ligada ao elemento Ar. Mas a Água purifica a psique, afasta as distrações e "hidrata" seu ser.

Uma vez, fui interrogado por um investigador que estava trabalhando no caso do suicídio de um colega. Meu colega e eu tínhamos interagido apenas alguns dias antes. Eu estava nervoso em vários níveis, preocupado com o que poderiam me perguntar, com o que o investigador poderia pensar e até mesmo com a possibilidade de ser, de alguma forma, responsável por aquela tragédia, como se devesse ter contado a alguém sobre o comportamento instável do meu colega.

Para recuperar meu equilíbrio emocional e não me deixar levar por essas inseguranças, voltei-me ao treinamento mágico que pratico há anos, no qual o equilíbrio é alcançado em etapas e vai adicionando camadas de apoio e proteção ao longo do processo.

Os rituais a seguir são os que mais pratico e também ajudarão você a encontrar o equilíbrio e se preparar para os desafios da vida.

Banho de sal sagrado

Os banhos com água salgada fazem parte da minha renovação espiritual. O mais fácil de todos os atos mágicos de limpeza e centramento é o chamado banho de sal: um longo mergulho em água quente misturada com uma mão cheia de sal sagrado. Mergulhe todo o corpo na água pelo tempo que for necessário.

Para obter o sal sagrado, basta proferir uma bênção sobre uma tigela de sal (preferencialmente sal marinho) ou consagrá-la num ritual, conforme descrito aqui.

Receita de sal sagrado

Numa noite de Lua cheia em Câncer, colete água do mar (quanto mais limpa, melhor) numa jarra de vidro quando a Lua estiver alta no céu. Depois, coe a água do mar com a ajuda de um pano. Deixe a água descansar, para que os sedimentos se depositem no fundo da jarra. Passe a água para um caldeirão e ferva-a, até que só reste algo semelhante a solo arenoso úmido. Deixe essa areia úmida secando ao sol sobre uma bandeja de vidro, até se tornar sal, por fim. Guarde esse sal úmido num saco de pano e deixe-o secar longe de moscas e traças. Quando estiver seco e quebradiço, bata o sal no liquidificador e armazene num pote de vidro azul.

Ao preparar o banho de sal sagrado, acenda velas para aquecer o ambiente, obter iluminação suave e atmosfera mágica. Você também pode usar velas perfumadas, mas prefiro velas sem perfume, pois permitem mais controle do ato mágico. Os perfumes, às vezes, se misturam às energias e distorcem o resultado. Claro que óleos ou ervas podem ser adicionados ao banho de imersão, mas, como a ideia do banho de limpeza é captar e eliminar os males emocionais do corpo, é melhor usar apenas o sal sagrado neste banho.

Ao preparar o banho, recite o seguinte encantamento:

Abençoado banho de sal,
Água abençoada e extraordinária,
Infundida pelo fogo, o tempero necessário.
Sal sagrado, da nossa terra amada,
Dissolva-se inteiro no reino da água.
Sal e água e ondas de calor,
Terra, fogo, água, elixir redentor.
Retire do meu corpo toda negatividade,
O que não serve mais e fere minha sensibilidade.
Me traga calma e equilíbrio, essa é a graça.
Que assim seja e assim se faça.

Tome esse banho sozinha e não permita que ninguém o testemunhe. Não deixe que animais de estimação ou familiares bebam a água ou brinquem nela. Deixe-a escoar pelo ralo assim que o banho estiver concluído e enxágue a banheira. A água do banho terá carregado a negatividade que antes estava no seu corpo, e o contato com outra pessoa poderia fazer com que ela absorvesse essa negatividade.

Purifique suas joias

Enquanto dorme, coloque qualquer joia mágica que use regularmente ou carregue no bolso, como um pentagrama, uma pulseira ou um cristal, numa tigela com sal sagrado. O sal, assim como a água do banho, atrairá a negatividade acumulada. Todas as emoções vivenciadas pelo portador da joia ficam impregnadas nela. Faça da manutenção das joias um hábito regular e enterre no sal qualquer peça usada, na rua, em casa ou em rituais, para limpar as energias que a joia absorveu.

Ao colocar na tigela de sal, durante a noite, o pentagrama ou qualquer outra joia ou objeto usado ou carregado como proteção mágica pessoal, certifique-se de cercar seu corpo com proteção. A técnica de cercar a cama com um rastro de sal sagrado é a minha favorita.

Ao fazer um círculo protetor, diga:

Que apenas o bem entre aqui.

Visualize uma esfera de proteção sobre o círculo de sal e diga:

Que nenhum mal atinja a mim nem a quem quer que esteja dentro do círculo.

Visualize a esfera recebendo um raio de energia protetora e diga:

O sono virá e o sono partirá.

Ao acordar na manhã seguinte, coloque a joia no freezer enquanto se prepara para o dia. O propósito de usar a joia fria contra a pele é lembrar a mente de permanecer calma e tranquila diante de acusações e adversidades. Coloque a joia antes de sair, bem no momento de abrir a porta da rua.

Ritual da vestimenta

O ato de se vestir pela manhã é muito parecido com o de vestir uma armadura. Ao colocar cada peça de roupa, faça isso com a intenção de se proteger contra qualquer tipo de ataque – mental, espiritual, emocional ou físico.

A cor da roupa e as partes do corpo cobertas são importantes. A cor tem muitos efeitos sobre a psique. Convém optar por cores que transmitem força e segurança, calma e equilíbrio, foco e liberdade, pois a cor a lembrará do seu propósito. As partes do corpo cobertas pela roupa também devem ser consideradas. Pois, assim como acontece com uma armadura, se parte do corpo não for coberta, ela ficará vulnerável a ataques. A escolha das roupas sempre foi fácil para mim: calça jeans azul e uma camisa de botão branca de manga longa, cinto de couro marrom pesado e botas de couro. O azul é uma cor calmante para mim, e o branco representa pureza, humildade e paz. O couro me lembra uma armadura e segurança. As únicas partes não expostas do meu corpo são as mãos e a cabeça.

Ao se vestir, recite:

Cada peça de roupa usada hoje,
Seja para o trabalho ou para o lazer,
Me protege com terra, ar, fogo, água,
Que assim seja e assim se faça.

Ritual da alimentação

Comer é um ato de aterramento. A ingestão de alimentos desencadeia uma série de funções corporais, e cujo efeito colateral é tirar a mente das nuvens e trazê-la para o plano terreno. Comer é o mesmo que se aterrar, e é exatamente por isso que, na maioria dos rituais mágicos, os praticantes jejuam antes do ritual. Às vezes, o jejum é de algumas horas, um dia ou vários dias, dependendo do nível e da força da energia que está sendo transmutada durante o ritual. (Converse com seu médico antes de iniciar qualquer jejum.) A redução da ingestão de alimentos e o jejum, aliados à escolha das cores das minhas roupas e à eliminação de certas palavras do meu vocabulário, aproximaram meu corpo e minha mente, aos poucos, de um estado de mais "pureza", ou seja, a tornaram mais clara e focada.

Ritual de transporte

Ir de casa para o escritório, para a escola, para as compras ou para qualquer outro lugar por meios de transporte mundanos requer um ritual de autoproteção. Como motorista ou passageiro, um ritual de autoproteção é obrigatório. Para isso, basta visualizar uma bolha translúcida ao redor do seu corpo ou do corpo de qualquer outra pessoa que esteja no carro e, em seguida, ao redor do carro. Olhe ao redor e visualize essas bolhas se manifestando em torno dos passageiros e do veículo. Depois recite as palavras a seguir e imagine essas bolhas sendo carregadas de energia.

> *Que nada menos que o bem aqui se mantenha.*
> *Que nenhum mal venha a mim,*
> *a este carro ou aos seus passageiros.*
> *Conjuro este encanto, terra, água, fogo e ar.*
> *Que assim seja e assim se faça.*

– Extraído e adaptado de "Balance",
de Daniel Pharr, *Llewellyn's 2023 Magical Almanac*.

O Alfabeto das Bruxas

Se você tem participado do mundo da Bruxaria, há uma boa chance de que já tenha se deparado com um conjunto de símbolos chamado Alfabeto Tebano. Essa coleção de letras enigmáticas e sinuosas é, às vezes, chamada de "Alfabeto das Bruxas" e integrada a práticas mágicas ou usada como código em diários ou livros de magia. Ela combina magia com sigilo e pode atuar como criptografia para disfarçar informações confidenciais ou adicionar mais poder a rituais que envolvem a palavra escrita.

O Alfabeto Tebano pode ser encontrado na internet e em muitos livros, normalmente acompanhado de um quadro mostrando sua correspondência com o alfabeto latino moderno, o que claramente demonstra que ele pode ser usado em substituição a letras comuns. No entanto, encontrar informações mais aprofundadas sobre ele pode ser um desafio. Quando me deparei com esse alfabeto muitos anos atrás, fiquei curiosa para saber onde e quando essa coleção de símbolos teve origem e como veio a ser chamada de Alfabeto das Bruxas.

É difícil encontrar a história exata por trás do Alfabeto Tebano porque há poucas informações historicamente comprovadas sobre ele. No entanto, existem várias ideias que, quando combinadas, nos oferecem um quadro vago do passado desse alfabeto antigo.

Uma história de anjos, bruxas e estudiosos

O Alfabeto Tebano foi publicado pela primeira vez no século XVI, num livro do ocultista Johannes Trithemius chamado *Steganographia*. Nele, o autor atribuiu os símbolos a Honório de Tebas, mago do século XIII. Dizem que Honório de Tebas escreveu um dos mais antigos grimórios conhecidos no mundo, *O Livro Juramentado de Honório*. No entanto, não está claro se esse mago era uma pessoa real ou apenas uma lenda.

Segundo o mito de Honório, na época da criação do grimório, líderes religiosos estavam executando magos e destruindo textos mágicos antigos. Honório foi um dos vários magos escolhidos, entre diversos países da Europa, para transcrever informações mágicas sagradas existentes em código, a fim de preservá-las e protegê-las. Dizem que ele foi eleito por 811 mestres magos para registrar sete volumes sobre as artes mágicas, ditados a ele por influências angelicais. O conhecimento contido na obra de Honório era considerado sagrado e ultrassecreto, para ser visto apenas por aqueles dentro do conselho especificado dos magos. Os livros não deveriam ser manuseados ou possuídos por ninguém fora daquela pequena seita e, ocasionalmente, eram destruídos após a morte do proprietário, se não houvesse um sucessor adequado disponível para os herdar.

O Alfabeto Tebano é, às vezes, chamado de Alfabeto Honoriano em alusão ao seu suposto criador. Referências ao Alfabeto Tebano podem ser encontradas em alguns livros notáveis, incluindo as obras de Heinrich Cornelius Agrippa, Dr. John Dee, que foi conselheiro da Rainha Elizabeth I, e até mesmo Nostradamus. Ao longo dos séculos, estudiosos ocultistas desenvolveram várias teorias sobre o propósito do código. Alguns presumiram que ele foi enviado aos seres humanos por anjos como recurso para derrotar o mal. Alguns afirmaram que o alfabeto foi inventado simplesmente para disfarçar informações mágicas, protegendo seus praticantes da perseguição durante a caça às bruxas e inquisições similares. Os símbolos se assemelham vagamente aos signos do zodíaco, e, portanto, foram traçados paralelos a um significado celestial. Alguns estudiosos atribuíram elementos, animais e espíritos a cada uma das letras. Uma coisa é certa: as letras correspondem vagamente aos alfabetos hebraico e latino, abrindo a porta para muitas possibilidades sobre seu uso como um código.

Nos anos 1950, Gerald Gardner, conhecido como o "Pai da Wicca", desempenhou um papel importante em reacender o interesse pelo Alfabeto Tebano na crescente comunidade mágica da época. Em seus estudos, Gardner mergulhou profundamente em vários alfabetos antigos, incluindo o Tebano. Ele expandiu ainda mais seu significado, demonstrando várias maneiras práticas de utilizá-lo nas práticas mágicas modernas. A partir disso, o Alfabeto Tebano se tornou acessível à comunidade mágica em geral. Como alguns wiccanos e outros praticantes mágicos se autointitulam bruxos, o Alfabeto Tebano passou a ser conhecido como o Alfabeto das Bruxas.

Mistério é poder

Independentemente de o Alfabeto Tebano ter sido criado por anjos, por uma comunidade de magos ou por um mago mítico, hoje ele é usado de várias maneiras por Bruxos, pagãos e pessoas com afinidade pela magia.

Assim como qualquer coisa que adquire associações místicas ao longo do tempo por muitas pessoas, o alfabeto ganhou poder com base na crença coletiva em sua magia.

Embora suas origens possam parecer incertas, o Alfabeto Tebano tem sido utilizado por ocultistas, magos, Bruxos e outras pessoas com inclinações mágicas há centenas de anos. Isso significa que seu poder ganhou impulso no inconsciente coletivo, crescendo à medida que as pessoas passaram a incorporá-lo em sua prática e a acreditar em sua energia mágica.

Alguém pode se perguntar: se as origens desse alfabeto são tão obscuras e não conhecemos o verdadeiro motivo de sua criação, por que incluí-lo na magia? Incluir um alfabeto enigmático em sua prática cria a sensação de que você está em contato com algo antigo e poderoso. Isso é alimentado ainda mais pela compreensão de que o alfabeto encantou praticantes de magia por centenas de anos. Ao trazer o elemento do desconhecido para um feitiço ou ritual, aumenta-se a crença de que ele será bem-sucedido. Além disso, não se pode negar o poder do impacto visual, e a aparência do Alfabeto Tebano certamente confere aspecto misterioso e esotérico a qualquer prática mágica.

Como usar o Alfabeto das Bruxas

O uso do Alfabeto das Bruxas na magia é limitado apenas pela imaginação, mas, basicamente, há duas razões básicas para incluí-lo em sua prática.

Primeiro, ele é um código, ou seja, é usado para manter informações em segredo. Algumas pessoas preferem escrever seu Livro das Sombras em código para manter o conteúdo oculto. Além disso, se alguém estiver realizando um ritual ou feitiço num espaço onde outras pessoas possam ver, a opção de escrever num alfabeto alternativo protegerá o trabalho de influências indesejadas ou de estranhos que possam duvidar dos seus objetivos.

Segundo, como mencionado, há grande poder naquilo que é misterioso. Acreditar que as letras ou os símbolos que você incorpora num feitiço têm conotações místicas confere ainda mais poder ao seu trabalho. A crença na magia do Alfabeto Tebano é poderosa do ponto de vista psicológico, o que fortalece a energia direcionada a um trabalho.

Quando um objeto, ingrediente ou símbolo é carregado de significado ou considerado especial de alguma forma, é maior a crença de que ele ajudará a manifestar um resultado desejado. É por isso que muitos feitiços incluem instrumentos impregnados de significado, como uma erva especial desenterrada à meia-noite sob a Lua nova ou um prego de um caixão antigo. O Alfabeto Tebano não é diferente e acumulou energia e significado ao longo dos séculos.

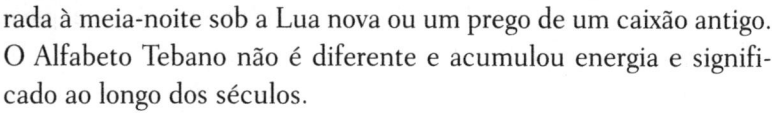

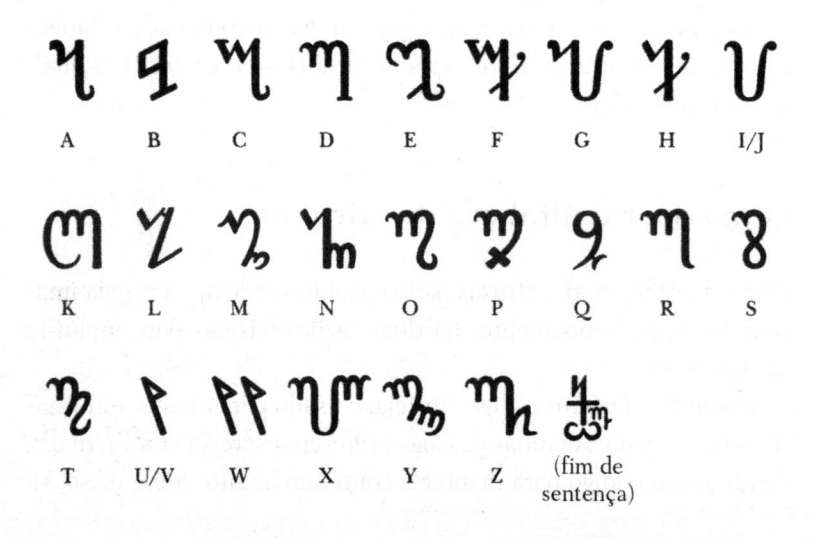

A	B	C	D	E	F	G	H	I/J

K	L	M	N	O	P	Q	R	S

T	U/V	W	X	Y	Z	(fim de sentença)

Como você pode ver, cada símbolo corresponde a uma letra. Muitos feitiços simples envolvem escrever algo em papel ou madeira, entalhar um nome ou uma frase numa vela ou até anotar uma afirmação num adesivo colado no espelho do banheiro. Todos esses exemplos simples de escrita mágica podem ser feitos com o Alfabeto das Bruxas, dando-lhes uma camada extra de poder. Embora alguns praticantes extremamente avançados nos estudos de alfabetos esotéricos possam usá-los para adivinhação e outras aplicações, geralmente o Alfabeto Tebano é usado apenas para transcrever a escrita de um alfabeto comum num místico.

Feitiço para aumentar o poder mágico pessoal

Este feitiço serve para aumentar o poder mágico e a autoconfiança. É mais apropriado fazê-lo quando você está aprendendo coisas novas sobre Bruxaria ou magia, quando está com pouca energia mágica e atingiu um platô em sua prática ou quando percebe que seus rituais e feitiços não estão saindo como planejado.

Esse trabalho envolve escrever seu próprio nome no Alfabeto das Bruxas. Ver o próprio nome numa cifra esotérica ativa duas coisas: serve como lembrete do seu poder mágico inato, ao mesmo tempo que se vale da energia mística acumulada em torno do Alfabeto Tebano ao longo dos anos. O nome que você escolher deve ser aquele com o qual se identifica mais intimamente, em especial em termos de sua vida mágica. Pode não ser seu nome de batismo, mas um apelido, nome de usuário ou até mesmo um nome secreto que você tenha.

Você vai precisar de:

1. Caneta ou lápis roxo
2. Papel grande o suficiente para escrever seu nome
3. Fita adesiva
4. Resina de olíbano
5. Disco de carvão para queimar (Você pode substituir o olíbano e o disco de carvão por uma vareta de incenso, se preferir.)

Esse feitiço deve ser feito à noite, no período da Lua cheia, e pode ser realizado dentro de casa ou ao ar livre, de acordo com sua preferência. Reúna seus materiais num local e num momento em que não será interrompida. Acenda o disco de carvão e coloque o olíbano para queimar ou acenda sua vareta de incenso. Com a caneta roxa, escreva seu nome no papel usando o Alfabeto das Bruxas, com base no alfabeto da página 64. Quando terminar, reserve um momento para contemplar os símbolos. Observe como seu nome parece mágico agora. Esses símbolos, imersos em mistério e tradição, conectam a energia pessoal do seu nome com a de séculos de magos que também os contemplaram com admiração. Segure o papel sob a fumaça do olíbano ou do incenso, imaginando que ela está imbuindo seu nome com conhecimento e inspiração.

Quando sentir que o feitiço está completo, fixe o papel com seu nome em algum lugar onde possa vê-lo todos os dias, como num espelho que você usa para se arrumar, ou no seu altar. Cada vez que o vir, você será lembrada do seu poder como Bruxa ou praticante de magia, enquanto os símbolos atraem sabedoria e inspiração para sua vida mágica. Isso a ajudará a ganhar confiança em seus estudos, fortalecerá a crença em seu poder pessoal e trará um novo brilho para sua prática.

Você pode ajustar esse feitiço substituindo seu nome por uma frase empoderadora ou uma declaração escrita que descreva sua intenção.

Espalhe um pouco de magia

Se você tem amigos com interesses semelhantes, espalhe um pouco de magia e felicidade no ar escrevendo uma carta a eles no Alfabeto das Bruxas e enviando-a para eles pelo correio ou por meio de uma foto do seu celular. Escolha as palavras com cuidado, pois elas têm poder. Tente se concentrar em mensagens positivas, inspiradoras, e em bons desejos.

Apesar de existir há séculos e ser examinado de perto por muitos ocultistas e estudiosos, o Alfabeto das Bruxas ainda permanece um mistério. Embora seja possível que nunca conheçamos a verdadeira razão pela qual foi inventado, essa obscuridade sombria que o envolve é talvez sua qualidade mais poderosa. O desconhecido nos dá espaço para sermos livremente criativos, dando-lhe novos significados e usos à medida que avançamos, emprestando-lhe mais poder e energia coletiva o tempo todo. É interessante imaginar se daqui a duzentos anos as pessoas ainda estarão intrigadas com esse antigo alfabeto, atraídas pelos mesmos sussurros do desconhecido, do esotérico e do místico que têm fascinado ocultistas, Bruxas e magos por séculos antes deles.

– Extraído e adaptado de "The Witches' Alphabet", de Kate Freuler, *Llewellyn's 2023 Magical Almanac*.

Talismãs, Amuletos e Encantamentos

Nós, praticantes de magia, procuramos maneiras de aprimorar e aumentar a força dos nossos feitiços, para que sejam mais bem-sucedidos. Uma forma de aumentar a eficácia da magia é criar talismãs, amuletos e encantamentos. Cada um desses itens mágicos tem a própria maneira de turbinar as energias mágicas, além de permitir nosso acesso a elas por um período de tempo maior. Esses instrumentos mágicos também podem nos proporcionar uma ligação tangível com o feitiço, o que nos ajuda a reforçar a magia sempre que necessário.

Encantamentos

Normalmente, entoamos cânticos ou criamos frases ou palavras mágicas nos nossos rituais e feitiços, que podem ser vocalizados ou escritos. Esse é o uso mais básico dos encantamentos. Mas eles também podem ser usados em conjunto com certos gestos manuais ou movimentos corporais para adicionar ainda mais ênfase e poder ao feitiço. Os encantamentos são um ótimo ponto de partida na prática de magia, porque podem nos proporcionar uma base para os talismãs e amuletos e ser usados em conjunto com ambos.

Muitas vezes utilizei encantamentos ao compor um ritual. Para aumentar a energia de um ritual, podemos repetir palavras ou cânticos em voz alta durante sua execução. Esses encantamentos também podem ser feitos por escrito, e, nesse caso, você escreve as palavras num papel ou pergaminho. Um exemplo disso seria um feitiço para expandir nossos limites espirituais. Nesse caso, você anota no papel, durante a parte principal do ritual, a área da sua vida espiritual que gostaria de desenvolver. Depois do ritual, você pode guardar esse encantamento por escrito, para que ele sirva como lembrete da sua intenção, ou queimá-lo, como parte da liberação de sua intenção para o Universo.

Existem inúmeras maneiras de incluir encantamentos em sua prática. Por exemplo, durante o lançamento do Ritual Menor de Banimento do Pentagrama, utilizei palavras ou sons associados a cada ponta do pentagrama. Ao entoar cada uma dessas palavras ou sons, também executei uma ação. Cada movimento e som/palavra invocado tem uma intenção específica para eliminar a negatividade. Descobri, com os membros do meu coven, que essa prática é altamente eficaz.

Talismãs

Por tradição, o talismã é um objeto imbuído de propriedades mágicas que beneficiam o portador. Na verdade, qualquer objeto pode ser utilizado para esse fim, mas aqueles pequenos o suficiente para serem carregados na bolsa são os mais práticos, porque são portáteis, e você pode levá-los consigo para onde for.

Os talismãs são criados com propósitos mágicos específicos. Já criei talismãs para me proteger e para proteger outras pessoas. O formato, a cor, o material e outras correspondências foram fatores que levei em consideração ao criá-los. Por exemplo, numa certa época da minha vida, eu estava preocupada com a possibilidade de alguém estar lançando feitiços contra mim e contra os membros do meu coven. Para nos proteger desses possíveis ataques, criei um talismã. Como se tratava de um talismã para proteção, usei um objeto preto, no caso uma pedra com a qual tinha forte conexão: uma obsidiana em forma de espelho mágico. Como estudei geologia por muito tempo, eu tinha afinidade com rochas e minerais. E a forma dessa pedra me ajudava a ver a magia sendo refletida para a pessoa que estava lançando o feitiço contra mim e meus amigos.

Para continuar a utilizar a energia de proteção invocada no dia do lançamento do feitiço, eu precisava recarregar a pedra toda Lua minguante, a fim de banir as intenções negativas. Ela me ajudou muito em minha magia de proteção, permitindo-me liberar gradualmente a magia contida durante o lançamento do feitiço e a usar essa energia de proteção até sentir que o problema havia sido neutralizado.

Amuletos

Os amuletos são geralmente associados à sorte, por isso são, muitas vezes, chamados de "amuletos da sorte". Mas podem ter outras finalidades também. Esses objetos podem ser naturais ou confeccionados. Como todo mundo, eu costumava estar mais familiarizada com o trevo de quatro folhas, o pé de coelho e a ferradura pendurada com as pontas para cima. Esses são objetos passivos, utilizados para produzir certo efeito. Embora não seja incomum que eles sejam carregados pelo praticante, os amuletos se desgastam com mais facilidade. Um amuleto que eu costumava usar em meus primeiros dias de praticante de magia era o da runa Algiz (símbolo), que afasta o mal. Como não tinha certeza se havia algum trabalho contra mim, o amuleto era um trabalho passivo para garantir que nenhuma negatividade ou mal me atingiria. Ele também era benéfico para me trazer paz de espírito, quando eu era praticante da arte ainda inexperiente.

A combinação de todos os três num ritual de cura

O ritual de cura a seguir utiliza um talismã, um amuleto e um encantamento para maximizar a energia de cada um desses itens. Ao fazer isso, mobilizamos nossa intenção, nossa conexão com o Divino e nossas vibrações energéticas para produzir os melhores resultados possíveis. Esse é um ritual formal que deve ser realizado numa quarta-feira, dia da semana associado a Hermes e a Mercúrio e, portanto, à cura. Também pode ser feito durante a Lua nova ou crescente, para aproveitar o poder de regeneração dessas fases lunares.

O ritual a seguir pode ser abreviado e adaptado de acordo com suas necessidades. Para começar, monte seu altar. Coloque velas nas quatro direções: norte, sul, leste, oeste. Como se trata de um ritual de cura, você pode incluir velas verdes ou brancas para aproveitar suas energias vibracionais. Providencie também uma pequena tigela de água salgada para ajudar a purificar seu talismã e seu amuleto. Um talismã para a cura que recomendo é um pequeno bastão de Asclépio, que representa o deus grego da cura. Você pode comprar um ou esculpi-lo com argila.

Para o amuleto, eu escolheria um jaspe-sanguíneo para representar o corpo (o vermelho da pedra para representar o sangue) e o resultado desejado (o verde para representar a cura). Claro, escolha símbolos e pedras que tenham significado para você. Outros itens que você pode incluir no seu altar para ajudar no trabalho de cura são uma pedra de aventurina, tomilho, casca de salgueiro e maçã. Você vai precisar, ainda, de um saquinho para guardar o amuleto e o encantamento. Certifique-se de abençoar a água salgada antes de começar. Imponha as mãos sobre ela e feche os olhos. Sinta a energia irradiar do seu coração, na direção do líquido. À medida que você irradia a energia para a água, diga o encantamento a seguir três vezes:

> *A água limpa. A água sustenta.*
> *Que a energia dentro dela faça o mesmo. Assim seja!*

Lance seu círculo evocando os quatro quadrantes. À medida que se locomove até cada um deles, mergulhe os dedos na água e borrife-a enquanto invoca o quadrante.

A invocação dos quadrantes

Norte: Eu invoco os poderes do Norte, os guardiões da Terra. Abençoa-nos e nos permitam sentir a terra e sua influência estabilizadora. Sejam bem-vindos ao nosso círculo!
Leste: Eu invoco os poderes do Leste, os guardiões do Ar. Abençoa-nos com o sopro da vida. Sejam bem-vindos ao nosso círculo!
Sul: Eu invoco os poderes do Sul, os guardiões do Fogo. Abençoa-nos com o calor que nos permite expurgar o que não é mais necessário. Sejam bem-vindos ao nosso círculo!
Oeste: Eu invoco os poderes do Oeste, os guardiões da Água. Abençoa-nos com as águas restauradoras que dão vida. Sejam bem-vindos ao nosso círculo!

Invocação

Coloque os itens com os quais você trabalhará ao alcance da mão. Primeiro, mergulhe o talismã e o amuleto na água salgada restante para purificá-los. Nesse momento, você pode querer se sentar e contemplar a cura pela qual está trabalhando em profundidade. O que está querendo curar ou trabalhar para curar?

Pegue o pergaminho do altar e coloque-o na sua frente para escrever o encantamento nele. Escreva: "A água limpa. A água sustenta". Ao escrever, concentre-se na intenção das palavras, que é eliminar a doença ou o que está prejudicando você, e propiciar mudança permanente. Guarde esse encantamento escrito para incluir no seu amuleto.

A água limpa. A água sustenta

Nesse ponto, pegue o bastão de Asclépio ou o objeto escolhido para ser seu talismã e trabalhe com ele para imbuí-lo de intenção e energia mágica. Esse objeto será aquele que estará trabalhando ativamente para manifestar sua intenção e liberar gradualmente a energia até que você o recarregue. Você entoará o feitiço que inicialmente escreveu enquanto segura o talismã. Entoe o encantamento cada vez mais alto para aumentar a energia do ritual. Ao dizer as palavras em voz alta, sinta a energia sendo criada e empurre-a para fora de você, em direção ao talismã. Quando sentir que a energia está começando a aumentar no círculo, deixe-a explodir. A energia não armazenada no talismã fluirá no Universo para ajudá-la a manifestar sua vontade.

Pegue o jaspe-sanguíneo, ou o amuleto escolhido, purificado antes e coloque-o com o encantamento no saquinho. Esse amuleto pode ser carregado por você ou pela pessoa para a qual se destina o trabalho de cura. Ele evitará qualquer dano ou lesão que possa ocorrer.

Bolos e cerveja

Depois do ritual, reserve um tempo para recarregar as energias. Coma biscoitos ou bolo e beba alguma coisa. Aproveite a oportunidade para se equilibrar do ponto de vista emocional, espiritual e físico, intensificando, assim, seu trabalho de cura. Além disso, procure observar qualquer coisa incomum ou interessante que tenha acontecido durante o ritual. Talvez você queira refletir sobre isso mais tarde.

Dispensa dos quadrantes

Oeste: poderes do Oeste, agradeço seu tempo e suas propriedades restauradoras e cicatrizantes. Salve e adeus!

Sul: poderes do Sul, agradeço seu tempo e seu calor suave que nos permitiu expurgar o que era indesejável. Saudação e adeus!

Leste: poderes do Leste, agradeço seu tempo e seus ventos suaves, que aliviaram nossa respiração. Salve e adeus!

Norte: poderes do Norte, agradeço seu tempo e sua força que me mantiveram forte e estável. Salve e adeus!

Fechamento do círculo

Reserve um momento para analisar o ritual feito e visualizar claramente tudo o que você trabalhou. Aproveite para agradecer novamente a todas as entidades que se reuniram a você nesse momento. E termine dizendo:

> *O círculo agora está aberto, mas ininterrupto.*
> *Salve e adeus!*

Como em qualquer outro trabalho mágico, certifique-se de fortalecer esse ritual por meio de atitudes práticas. Nesse caso, você pode se certificar de que está oferecendo ao seu corpo a quantidade adequada de sono e nutrição, de modo que ele tenha condições de se curar. Além disso, pode apoiar seu trabalho mágico seguindo as orientações do seu médico. Se ele prescrever algum medicamento, siga essa orientação! São as ações mundanas aliadas às mágicas que vão garantir o melhor resultado do seu ritual.

Conclusão

Ao utilizar um talismã, amuleto, encantamento ou qualquer combinação desses três instrumentos mágicos, você precisa ter uma ideia clara de qual é a sua necessidade. Depois que souber do que precisa, será capaz de irradiar a sua intenção para o ritual ou feitiço, de modo que ele produza o resultado desejado. Só não se esqueça de sempre utilizá-los em conjunto com ações práticas, para maximizar a eficácia das energias que estão sendo utilizadas. Se estiver trabalhando para a cura ou a saúde, por exemplo, você pode precisar apoiar a magia com uma dieta balanceada e exercícios físicos.

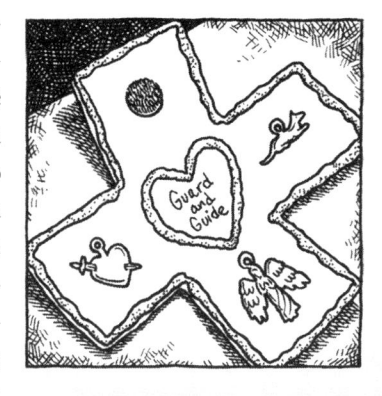

Guarde e Guie

Também ajuda muito se você tiver uma conexão forte com o talismã, amuleto ou encantamento que você está criando. Descobrir o que funciona para os outros é um bom ponto de partida, mas você precisa ter certeza de que consegue se identificar e se conectar com os símbolos ou palavras usadas em seus rituais. Sempre use o que funciona melhor para você, pois isso aumentará a probabilidade de a sua magia ser bem-sucedida. Encontre o item que mais conecta você com o seu trabalho espiritual, seja ele um talismã, um amuleto ou um encantamento, e crie assim o complemento perfeito para a sua prática mágica.

– Extraído e adaptado de "Talismans, Amulets and Charms", de Charlynn Walls, *Llewellyn's 2023 Magical Almanac*.

Faça a sua Varinha Mágica

Hoje, no mundo do entretenimento, parece que você não consegue dar um passo sem tropeçar numa varinha mágica. Você a vê nos filmes, lê sobre ela em romances ou a usa para salvar princesas e derrotar vilões em videogames. Pode comprá-la em parques temáticos e pela internet. Lindas e elegantes na infinita variedade de tamanhos e simbolismo, as varinhas mágicas são fascinantes. Mas será que você realmente pode apenas agitá-las no ar, dizer algumas palavras enigmáticas e esperar que os céus se abram ao seu comando?

O que lhe vem à mente quando você ouve as palavras "varinha mágica"? Você pensa num simples bastão de madeira imbuído de poder natural ou em algo mais elaborado, como um bastão coberto de símbolos e pedras preciosas? Imagina uma pequena varinha de mão como aquelas usadas nos livros de Harry Potter ou um cajado como o de Gandalf? Por que a varinha é o instrumento universal tanto na tradição mágica quanto na prática moderna? E será que uma varinha é realmente necessária para a realização de uma magia eficaz?

Às vezes chamadas de bastões, cetros ou cajados, as varinhas mágicas têm sido usadas há milênios na prática espiritual. Os cajados mágicos geralmente são mais longos, como bengalas, enquanto as varinhas ou os bastões são mais curtos e frequentemente mais afilados. Cetros ornamentados têm sido usados há muito tempo como símbolos de autoridade ou realeza, mas também podem ser carregados com energia mágica. As varinhas são feitas de uma variedade de materiais: osso, metal, pedra, cristal, argila e, é claro, madeira. Há mais de 3.500 anos, os egípcios esculpiam símbolos nas presas dos temidos hipopótamos para criar varinhas apotropaicas (que afastam o mal) e assim proteger suas residências de forças malévolas. Antigos sacerdotes zoroastristas utilizavam um feixe sagrado de galhos de tamarisco chamado *barsom* para criar um elo entre os reinos material e espiritual e canalizar o poder divino. Os antigos romanos, incluindo os flâmines (sacerdotes do fogo), também carregavam esses feixes. Textos helenísticos posteriores, como o Papiro Mágico Greco-Egípcio, contêm vários exemplos do uso de varinhas mágicas e cajados feitos de murta ou outras madeiras sagradas para invocar divindades. E algumas divindades tinham as próprias varinhas mágicas: a deusa Circe com sua "varinha encantada", o deus do vinho Dionísio com seu tirso com cone de pinheiro na ponta, e o deus mensageiro Hermes com seu caduceu entrelaçado por serpentes.

As varinhas estavam entre vários instrumentos listados em grimórios medievais, como a *Chave de Salomão*, e eram usadas pelos magos e seus assistentes, mas a primazia da varinha era enfatizada pelo fato de que apenas o "mestre"' (não seus discípulos) podia carregá-la. Os grimórios, às vezes, se referem a um cajado que, assim como a varinha mais curta, só deveria ser usado pelo Mago Mestre.

A ideia de que a varinha é um instrumento da vontade do mago, bem como um símbolo do elemento Fogo, ganhou destaque durante o Renascimento Ocultista do século XIX, especialmente por meio dos escritos do ocultista francês Éliphas Lévi. Foi também durante esse período que o naipe de Paus (*bastoni* em italiano e *bâtons* em francês) do tarô passou a ser associado ao elemento Fogo e a Atziluth, mundo divino mais elevado dos cabalistas, assim como à primeira letra, Yod, do Tetragrammaton (YHVH, יהוה), nome sagrado de Deus, cujo verdadeiro nome é desconhecido e impronunciável.

A Ordem Hermética da Aurora Dourada seguiu a liderança de Lévi ao enfatizar a importância da varinha e sua atribuição ao Fogo e à vontade. A Ordem utilizava muitas varinhas diferentes para diversos propósitos, oficiais e rituais, como a Varinha de Lótus, a Varinha de Fênix e a Varinha do Disco Alado do Chefe Adepto, baseadas nas varinhas egípcias Wadj, Waas e Ur-uatchti, cetros usados pelos deuses como retratados em antigos rolos de papiro.

Porém, a varinha mais utilizada pelos magos da Aurora Dourada para invocar os poderes do Fogo em seu trabalho pessoal é a Varinha de Fogo, com um fio magnetizado percorrendo o núcleo, pintada nas cores vermelho e verde e ornamentada com vários nomes hebraicos e sigilos correspondentes ao elemento Fogo.

Um Toque de Magia

Uma vez, criei uma varinha usando um brinquedo de plástico em formato de uma tocha acesa. Uma lâmpada de LED na tocha simulava o fogo.

Para responder a uma pergunta anterior: não, você não pode simplesmente agitar uma varinha, murmurar um encantamento e esperar que as leis da física sejam suspensas. A magia é um processo natural, portanto não funciona contra as leis naturais; trabalha com elas. Na magia, a varinha representa a força de vontade ou do desejo do mago. Denota autodomínio e a capacidade disciplinada de escolher suas ações. Assim como uma habilidade aprendida ou um músculo treinado, essa força desejada pode ser fortalecida com a prática. Também deve ter um objetivo, propósito ou ponto de foco pretendido que esteja no reino da possibilidade, porque a magia sempre seguirá o caminho de menor resistência para alcançar o objetivo declarado em conformidade com a lei natural. A varinha é usada para estender a vontade do mago e adicionar força divina à sua força mágica natural. Pode ser empregada sempre que o mago desejar focar e direcionar energia. Assim como qualquer implemento mágico, a varinha pode ser consagrada ou carregada com o simbolismo e a energia que se destina a atrair, conferindo-lhe as características de um talismã. E as possibilidades de personalização de varinhas para propósitos específicos são infinitas.

Como confeccionar uma varinha mágica

Depois de decidir fazer uma varinha para auxiliá-lo em seu trabalho mágico, o próximo passo é determinar que tipo de varinha é a mais adequada a você. Você prefere algo simples ou mais elaborado? Tradicional ou exclusivamente seu? Que tipo de simbolismo deseja adicionar a ela? Qual comprimento é o melhor? Você gostaria de criar uma única varinha de propósito geral ou uma série de varinhas para energias específicas?

Se você tiver tempo, energia e inclinação, poderá fazer varinhas separadas para forças planetárias, zodiacais ou cabalísticas individuais. Não há motivo pelo qual você não possa fazer uma Varinha de Júpiter, uma Varinha Solar, uma Varinha de Capricórnio ou uma Varinha de Yesod. Você poderia até criar varinhas para invocar anjos ou arcanjos específicos: uma Varinha de Rafael para invocar cura ou uma Varinha de Gabriel para invocar criatividade, e assim por diante.

Instruções para criar as varinhas tradicionais dos grimórios medievais ou varinhas-padrão da Aurora Dourada, como a Varinha de Lótus e a Varinha de Fogo, podem ser encontradas em vários livros. Aqui, descreveremos como fazer uma varinha simples, de propósito geral, e uma Varinha de Fogo personalizada.

Varinha simples de madeira

Leonardo da Vinci disse certa vez: "A simplicidade é a máxima sofisticação". Muitos praticantes de magia concordariam. Para alguns, nada supera uma varinha simples de madeira, feita de um galho de árvore. Embora a Aurora Dourada recomendasse ampla variedade de varinhas elaboradas, algumas das minhas favoritas incluem uma simples varinha de amêndoa que ganhei de um querido professor e um galho com inscrições simbólicas de uma árvore favorita da minha infância.

Consulte a sempre útil *Cunningham's Encyclopedia of Magical Herbs* para conhecer as propriedades mágicas de diferentes árvores e escolha o tipo de madeira que melhor atenda às suas necessidades. Você pode ter árvores perto de onde mora cujos galhos caídos poderá usar: galhos envelhecidos já estarão sem a casca. Para um galho fresco ou cortado, você precisará remover a casca antes de deixá-lo secar, numa superfície plana, por pelo menos três meses.

É sempre melhor começar a trabalhar em qualquer instrumento mágico no dia e na hora da força mágica que ele representará. Para os dias da semana, domingo está associado ao Sol; segunda-feira, à Lua; terça-feira, a Marte; quarta-feira, a Mercúrio; quinta-feira, a Júpiter; sexta-feira, a Vênus; e sábado, a Saturno. (As energias dos signos zodiacais e das sefirotes cabalísticas estarão alinhadas às suas correspondências planetárias.) Consulte as tabelas deste Almanaque para encontrar a data mais apropriada para confeccionar sua varinha. Se possível, trabalhe durante a Lua crescente, evite a Lua minguante e faça uma pausa na criação da varinha durante o período de Mercúrio retrógrado. Nunca trabalhe em qualquer implemento quando estiver com raiva ou chateada; antes, limpe a mente com uma meditação.

Lixe a madeira, começando com uma lixa de granulação grossa e terminando com uma de granulação fina, até que a varinha fique lisa. Você pode optar por não aplicar nenhum simbolismo se estiver satisfeita com a elegância simples da madeira natural. Ou pode entalhar ou gravar os símbolos desejados na varinha com uma faquinha ou ferramenta de pirografia em madeira. Entalhe ou faça pequenos furos na varinha onde você possa colar pedras preciosas, se desejar. Aplique duas ou três camadas de cera de abelha ou óleo de peroba para protegê-la e realçar o padrão da madeira, lixando entre as camadas. E *voilà*! Sua varinha está pronta para ser consagrada.

Varinha de Fogo personalizada

Como, em geral, as varinhas são atribuídas ao elemento Fogo, seria muito apropriado criar uma Varinha de Fogo em estilo hermético, de acordo com suas próprias preferências, simbolismo e criatividade. Ela não precisa ter um fio magnetizado no centro, mas precisa refletir sua concepção pessoal de energia ardente.

Você pode começar adquirindo uma vareta de 2 centímetros de diâmetro, com comprimento entre 30 e 50 centímetros. Lojas de madeira geralmente oferecem essas varetas em pinho, carvalho e álamo. Lixe e aplique duas ou três camadas de tinta branca de *primer* na vareta, lixando entre cada camada. Em seguida, determine o simbolismo que você gostaria de adicionar a ela. A tabela de Correspondências do Fogo fornece uma lista de nomes, símbolos e materiais nos quais você pode se inspirar para esse propósito.

Correspondências do Fogo

Nome do Deus do Fogo: Elohim (hebraico, significando "os Deuses")

Arcanjo do Fogo: Miguel (hebraico, significando "Aquele que é como Deus")

Anjo do Fogo: Ariel (hebraico, significando "Leão de Deus")

Regente do Fogo: Seraph (hebraico, significando "Aquele em chamas")

Signos do Zodíaco: Áries, Leão, Sagitário

Cartas do tarô: O Julgamento (com O Imperador, A Força e A Temperança)

Letras hebraicas: Yod (para o fogo em geral) com Heh, Teth e Samekh para os signos

Planetas: Marte, Sol

Cores dos signos de Fogo: Áries = vermelho, Leão = amarelo, Sagitário = azul

Anjo dos signos de Fogo: Hitsael

Sephiroth: Chokmah, Geburah, Netzach

Divindades do Fogo: Nusku, Gerra, Gibil, Ishum, Sekmet, Bast, Hórus, Mont, Rá, Prometeu, Hefesto, Vulcano, Ares, Marte, Héstia, Vesta, Agni, Pele, Ogun, Brigid, Aed
Animais: carneiro, leão, gato, centauro, dragão, serpente
Símbolos: triângulo em posição vertical, pirâmide, varinha, tocha, chama de vela, flecha, raio, forja, chama com lenha
Metais: ferro, aço, ouro, bronze
Madeiras: aveleira, carvalho, amendoeira, freixo, cedro, ébano, álamo
Pedras preciosas: opala de fogo, rubi, granada, heliotrópio, pirita, magnetita, meteorito
Tecidos: couro, cetim, renda, veludo

Escolha os símbolos e os Nomes de Poder com os quais deseja adornar sua Varinha de Fogo. Tinta acrílica à base de água é a mais adequada para instrumentos mágicos. Você pode pintar a maior parte da varinha de vermelho, já que essa é a cor principal associada ao elemento Fogo. Também pode pintar parte do simbolismo de verde, pois o verde é a cor "intermitente" ou complementar ao vermelho. (Certifique-se de pintar o símbolo em branco primeiro, depois em verde; caso contrário, o verde será absorvido pelo vermelho e ficará turvo.)

Para uma varinha que inclua os três signos de Fogo, divida o cabo dela em três partes iguais e pinte-as nas cores de Áries (vermelho com o símbolo do signo "♈" em verde), Leão (amarelo com o símbolo "♌" em violeta) e Sagitário (azul ornamentado com o símbolo "♐" em laranja). Todavia, se você deseja adicionar um simbolismo mais complexo à varinha, fique à vontade para adicionar as cores que sua criatividade ditar. (Você pode desejar adicionar o nome do anjo Hitsael, que vem das letras hebraicas associadas aos três signos de fogo, Heh, Teth e Samekh, combinadas com o sufixo divino -al, indicando que o anjo é "de Deus"). Adicione seu nome mágico para confirmar o vínculo entre você e a varinha.

Existem várias maneiras de ornamentar a ponta da varinha. Você pode fixar uma peça separada de madeira esculpida para representar um cone, um triângulo, uma pirâmide, a cabeça de um leão, dragão ou carneiro, e assim por diante. Uma peça forjada de metal ou uma pedra preciosa atribuída ao fogo também pode ser usada como ponta impressionante para a varinha. Você pode acrescentar couro no cabo para que o manejo dela fique mais confortável.

Finalize as partes pintadas da varinha aplicando algumas camadas de verniz acrílico que não amarele, tendo o cuidado de cobrir qualquer couro ou pedras preciosas com fita adesiva, até que a camada de acabamento esteja completamente seca. (Não deixe a fita adesiva por mais de doze horas, pois o verniz a tornará pegajosa.)

Depois que sua varinha estiver pronta, o próximo passo é consagrá-la, carregando-a com a energia do fogo e um propósito sagrado.

Ritual simples de consagração para sua varinha

Se você tiver em casa um altar ou um espaço sagrado dedicado, ótimo. Do contrário, não se preocupe! Qualquer superfície desobstruída, como uma mesa, uma escrivaninha ou uma cômoda, servirá de altar improvisado. Cubra-o com um pano da cor adequada à energia representada pela varinha. Para uma Varinha de Fogo, um pano vermelho é a melhor escolha. O verde é a cor complementar ao vermelho, então colocar um círculo de corda, barbante ou fita verde no centro do pano vermelho dará vibração visual e psíquica ao seu trabalho. Tenha um incenso de olíbano e um acendedor pronto para usar. Coloque uma vela vermelha fora do círculo, no lado mais distante de você. (Se não puder usar uma vela por motivos de segurança, por causa de animais de estimação agitados etc., use uma vela de LED: a energia elétrica que ela usa para criar luz ainda representará a força do Fogo.) Providencie um tecido vermelho de linho ou de seda para embrulhar sua varinha. Coloque-a no centro do círculo verde.

Para começar, sente-se ou fique em pé, conforme for mais apropriado a você. Comece com respiração rítmica lenta para relaxar a mente e o corpo. Inspire lentamente, conte até um e expire lentamente contando até dois. Focar numa respiração profunda e rítmica é uma maneira eficaz de deslocar a consciência da mente para seu mundo interior e acessar o poder inerente do Divino.

Em seguida, inicie uma técnica de respiração conhecida na yoga como "Respiração do Fogo". Essa é uma forma de *pranayama*, ou controle da respiração, que requer inspirações lentas e passivas e expirações rápidas e intensas. Faça isso por pelo menos 30 segundos antes de continuar. (Não faça a Respiração do Fogo se tiver algum problema cardíaco, respiratório ou na coluna vertebral.) Em seguida, relaxe e deixe a respiração voltar ao normal.

Se você estiver sentada, levante-se diante do altar, se puder. Acenda o incenso. Comece a vibrar ou a entoar o Nome de Poder IAO (pronunciado I-AAA-ÓÓÓ em sílabas longas e lentas). Esse trígono é o equivalente ocidental ao mantra oriental OM, e as três letras se referem à tríade de divindades egípcias Ísis, Apófis e Osíris – ou o ciclo de vida, morte e renascimento. Enquanto entoa o trígono, visualize a figura de um triângulo com o ápice apontado para a vela vermelha.

Trace as linhas desse triângulo no sentido horário diretamente sobre a varinha com o incenso, começando pelo ponto superior. Enquanto traça a primeira linha, inspire profundamente e depois vibre lentamente "iiii". Ao traçar a segunda linha, entoe "aaaa". Trace a terceira linha e vibre "óóóó". Trace o triângulo e entoe o nome cinco vezes (pois cinco é o número do Espírito). A figura do triângulo ereto é o símbolo tradicional ocidental do fogo, e traçá-lo em conjunto com o nome da tríade fortalecerá a conexão entre sua varinha e as energias divinas que governam o Universo manifesto. Segure o incenso acima da varinha e diga:

O céu está acima, e a terra está abaixo. E entre a Luz e as Trevas as energias vibram. Invoco a Fonte Divina de Todos, pela Majestade do Nome Divino e ardente de Poder ELOHIM, pelo Arcanjo do Fogo MIGUEL, pelo Anjo ARIEL, pelo Anjo da Tríade HITSAEL e pelo governante SERAFIM para concederem este dia e esta hora presentes e confirmarem sua influência mística e poderosa sobre esta Varinha de Fogo, que dedico aqui à pureza e ao Trabalho Esotérico, e que seu poder me fortaleça no trabalho da Magia da Luz! Que ela me auxilie em todas as coisas que requerem ação, energia, estímulo, movimento, vitalidade, transformação e força inicial.

Nesse momento, você pode dedicar sua varinha a qualquer divindade pessoal que considere apropriada. Visualize um raio de luz envolvendo a varinha, carregando-a com a luz divina e os poderes vivificantes do Fogo. Reserve o tempo que precisar antes de agradecer a quaisquer divindades pessoais ou anjos invocados.

Por fim, envolva a varinha consagrada com o pano vermelho. Quando sentir que o ritual está concluído, apague a vela e encerre o rito.

Agora, o que fazer? Sua varinha está pronta para ser usada na invocação (ou no banimento) de quaisquer energias que tenham sido incorporadas em seu simbolismo e em sua consagração. A habilidade na magia ritual é adquirida por meio da prática e da diligência. Os métodos envolvidos incluem limpar a mente do diálogo interno, criar sintonia positiva com a divindade, visualização focalizada, vibração de nomes sagrados, projeção de força voluntária e intenção direcionada. Equipado com esses poderosos instrumentos e técnicas, seu trabalho mágico será alimentado por sua própria criatividade e inspiração. Feliz magia!

– Extraído e adaptado de "The Magic Wand",
de Chic e S. Tabatha Cicero, *Llewellyn's 2023 Magical Almanac*.

> Um tipo especial de magia ocorre quando você percebe que o propósito da sua jornada como Bruxa é continuar crescendo, evoluindo e aprofundando sua conexão consigo mesma, com a sua intuição e com o poder da natureza.

A Magia em Nossas Mãos

A expressão "A vida não vem com um manual de instruções" não é uma crença com a qual os quiromantes compactuem. Os leitores de mãos veem o estudo da palma como a principal ciência do autoconhecimento.

Minha jornada no caminho da quiromancia começou quando eu tinha 17 anos. Ali, na prateleira da biblioteca do meu colégio, havia um livrinho sobre a leitura de mãos. Ele era bem diferente de qualquer coisa que eu já tivesse visto antes, por isso fiquei muito interessado. Embora tenha sido criado no vácuo do ateísmo mecanicista, sentia uma firme convicção de que aquele conhecimento era algo genuíno e profundo. O conteúdo desse livro foi minha primeira iniciação no mundo fascinante da metafísica.

Depois de me formar, continuei a ler mãos e adquiri vários outros livros sobre o assunto, mas meus interesses eram dispersos e sem foco. Depois de ler o *Bhagavad Gita*, passei a frequentar a sociedade védica fundada pelo Swami Prabhupada e vivi uma vida monástica num *ashram* durante cinco anos. Estudei as artes místicas indianas, a recitação de mantras antigos a cosmologia oriental (sideral). Aprendi sânscrito e viajei para a Índia muitas vezes. Era uma vida emocionante.

Não muito tempo depois de deixar o *ashram*, encontrei a pessoa que se tornaria meu mentor de quiromancia. Patrick dava palestras sobre misticismo ocidental e magia cerimonial que atraía a nata do mundo pagão e da comunidade wiccana de Manhattan. Além disso, era um adivinho popular no florescente cenário punk/metal de Nova York e fazia leituras para fãs e músicos.

Siga seu coração

Muitas vezes me perguntam: "E se você, por acaso, se deparar com algo 'ruim' nas mãos de uma pessoa? Você diz a ela?". Quando diziam "ruim", geralmente as pessoas se referiam a acidentes, problemas de saúde ou à morte prematura. Certamente eu via tudo isso nas mãos das pessoas e, se algum perigo pudesse ser evitado, não hesitava em abordá-lo. No entanto, tenho uma visão diferente do que considero um aspecto ruim na palma de uma mão. O que é mais comum nas minhas leituras, e tão desafiador quanto, é ver uma pessoa seguindo a carreira errada, vivendo com o parceiro errado ou se demorando numa situação desfavorável. Vejo essa falta de sintonia em quase todas as mãos. Apenas vinte por cento, ou menos, das pessoas cujas mãos li escolheram a profissão que mais condizia com elas. Claro, é meu trabalho orientar corretamente os consulentes, mas, para mim, essa é uma indicação muito clara de que a maior parte de nós não segue a vocação de sua vida.

Sem reconhecer que as forças espirituais são o princípio gerador por trás de toda expansão material, nossas instituições nos ensinam a nos identificar com os resultados materiais, em vez dos espirituais. Por isso, somos consumidos pelo logístico em vez do ilimitado.

É uma ocorrência comum que, em algum momento da leitura, eu diga ao meu cliente que, por exemplo, trabalha na área de marketing há vinte anos, que tem propensão natural para a arquitetura. E, em geral, a reação dele é dizer: "Bem, sim, isso é exatamente o que eu queria fazer depois do ensino médio, mas meus pais ou o orientador da escola me convenceram a não seguir a carreira de arquiteto!". Não fomos educados para confiar na voz da nossa intuição. Por isso, recorremos a um percurso profissional convencional, o que apenas nos faz perder a ascensão rumo à nossa própria grandeza. A mensagem que a palma das nossas mãos encerra é: "Confie em seu coração! Ele nunca vai mentir".

Muitas vezes, fico maravilhado com os atributos fenomenais exibidos nas mãos de um cliente, mas, ainda assim, não tenho muita esperança de que ele vá aproveitá-los. Dou todo o incentivo que posso, para não minimizar, de maneira nenhuma, o poder e a capacidade interior. Uma afirmação que costumo repetir é: "O que a mente pode conceber também pode alcançar". E se existe um grupo que verdadeiramente reconhece e abraça esse aforismo é a comunidade pagã e wicca. A expansão ilimitada da consciência e a importância da disciplina mental são reconhecidas por todos aqueles que se dedicam ao desenvolvimento metafísico e espiritual. Pois cabe a nós, e apenas a nós, elevar a consciência humana.

Experimente manter as palmas das mãos abertas, uma ligeiramente acima da outra, e você vai se surpreender com uma sensação muito real. Às vezes, a sensação é de calor. Também pode ser uma sensação de magnetismo. Essa energia é a frequência do subconsciente. Um quiromante experiente pode constatar essa frequência energética subconsciente por meio da clariaudiência ou da clarisciência (ouvir ou ver mediunicamente). É por isso que o quiromante pode obter muitas informações sobre a influência e o impacto que seu cliente exerce sobre seu ambiente – coisas como seu grau de poder pessoal, fama e status, e até mesmo seu nível de avareza ou empatia em relação aos outros. Irradiamos constantemente nossos sentimentos e emoções para o ambiente, sem que estejamos conscientes disso. Claro que essa é uma via de mão dupla, mas, num relacionamento, a pessoa com energia "mais forte" ou "superior" é normalmente a que predominará. É por essa razão que é tão importante escolher, com sabedoria, as pessoas com as quais nos relacionamos. Essa frequência pulsante do subconsciente é totalmente replicada na palma da mão e evidente para o quiromante. Esse é outro aspecto maravilhoso da magia das nossas mãos.

O coração em nossas mãos

Agora examine as próprias mãos. Ao expressar suas emoções, você é mais comedida ou mais exuberante? Observe a linha horizontal que atravessa a palma da sua mão uns três centímetros abaixo dos dedos. Normalmente chamada de "linha do coração", essa linha também é conhecida por "linha do chakra do coração". (Cada um dos sete chakras principais está representado em nossas mãos em forma de linhas.) Começando pelo dedo mínimo e terminando a jornada no dedo médio ou indicador, essa linha revela como é nossa expressão emocional. Experimente fazer este exercício: olhe para essa linha da mão direita (mesmo se você for canhota). Sem se ater ao comprimento, observe se ela é mais reta ou se termina com uma curva ascendente, em direção aos dedos.

Se sua linha do chakra do coração termina com uma curva ascendente

Isso significa que você está muito em contato com os sentimentos do seu coração e consegue expressá-los quando necessário. E nas situações em que é impedida de fazê-lo ou não se sente à vontade para extravasá-los você fica desanimada e até frustrada. Você adora se sentir apaixonada e fica muito feliz quando está numa relação recíproca de proximidade e intimidade. Por outro lado, como você é uma romântica idealista, pode ter passado por vários relacionamentos o parceiro tirou vantagem dessa sua característica. Portanto, continue sendo fiel à sua verdade interior, mas mantenha o radar ligado. No campo da espiritualidade, você se sente mais forte quando suas orações e seus encantamentos são ousados e vibrantes. E aprecia a pompa e a formalidade de um ritual cerimonial bem ordenado.

A magia também ganha vida em você num grupo cujas celebrações são feitas com vestes coloridas, instrumentos opulentos e muitas velas e incensos. Seu Livro das Sombras também é muito elegante e inclui canetas coloridas, desenhos e fotos.

Se sua linha do coração é predominantemente reta

Seus sentimentos podem ser muito profundos, mas você tem dificuldade de expressá-los. Falar sobre suas ideias e pontos de vista pode ser fácil, mas não quando se trata de compartilhar sentimentos. Nos relacionamentos, você é emocionalmente reservada e contida e pode ser acusada de agir de maneira fria e distante, mesmo sem ter essa intenção. Você precisa de um parceiro que se dê ao trabalho de deixá-la à vontade, quando necessário, para que se sinta segura para compartilhar seus sentimentos. Consequentemente, essa linha do chakra do coração, quando reta, é mais comum em profissionais altamente motivados. A emoção existe e, geralmente, é canalizada para a vida profissional.

Quanto à espiritualidade, você pode preferir ser uma praticante solitária! Suas cerimônias são silenciosas e discretas, e grande parte do seu trabalho mágico é mental. Os encantamentos também são feitos em voz baixa ou mentalmente. Apesar disso, seus rituais podem ser bastante poderosos e eficazes, pois você sabe se concentrar em suas intenções.

Nossas próprias mãos são instrumentos mágicos. Os exercícios a seguir vão mobilizar os seus dons psíquicos inatos.

Ritual da intuição

Quando a lucidez, a lógica e a razão não nos ajudam a encontrar uma solução para nossos problemas, é hora de consultarmos a intuição. A prática a seguir é natural, calmante e notavelmente eficaz. Procure um lugar tranquilo, respire algumas vezes e feche os olhos. (Você pode fazer isso em pé ou sentada.) Com expectativa e confiança, coloque a mão esquerda sobre o coração. Mantenha um pequeno espaço entre os dedos. A mão esquerda incorpora nossa natureza feminina e emocional – exatamente como o coração. Agora, imagine sua mão e seu coração como se fossem uma coisa só e sinta toda a vitalidade do seu ser convergindo para essa região. Fique centrada nessa meditação por alguns minutos enquanto formula suas perguntas. Não tente esvaziar a mente dos pensamentos; em vez disso, continue pedindo ao coração que ative sua intuição. Muito em breve, você vai receber as respostas. E elas serão muito claras e satisfatórias.

Ritual da calma e do equilíbrio

Se você está passando por forte crise de estresse e ansiedade e deseja recuperar o equilíbrio, sente-se confortavelmente e junte a palma das mãos diante do peito. Mantenha-as nessa posição por alguns minutos enquanto respira profundamente algumas vezes. Agora, concentre-se nas tensões do seu coração e visualize a energia negativa se transferindo para suas mãos. Você vai sentir que elas vão ficando um pouco mais quentes. Quase instantaneamente, você se sentirá mais relaxada e centrada, além de pronta para seguir em frente com mais calma e equilíbrio.

Nossa mão direita contém informações a respeito do lado esquerdo do cérebro, e nossa mão esquerda compreende tudo o que está do lado direito do cérebro. Nosso cérebro esquerdo empírico é o repositório da lógica e da razão. E nosso cérebro direito, em comparação, é o repósito espiritual dos sonhos, da imaginação e da intuição. Eles não poderiam ser mais opostos. Quando nossas duas mãos se unem, ocorre uma síntese de harmonia e equilíbrio que estimula o equilíbrio mental.

Ritual da inspiração

Você está sem inspiração ou buscando um caminho para seguir? Saia ao ar livre e experimente fazer esta cerimônia simples. Fique de pé e, mantendo certa distância entre os pés, levante as mãos acima da cabeça. Deixe as palmas abertas e vire-as para o céu. Todo planeta deste Universo emite própria frequência vibratória, e o cosmos é uma sinfonia de vibrações celestiais. Imagine a palma das mãos e os dedos como radares, absorvendo essas pulsações planetárias. Nossa alma eterna capta essas frequências específicas por meio das mãos, mantendo as que precisamos e se mantendo indiferente àquelas que não nos trazem nenhum benefício. Sentindo-se parte dessas energias galácticas, peça que uma mensagem lhe seja enviada. Mantenha-se receptiva ao pedir apoio e orientação e tenha fé de que vai consegui-los. As palmas das nossas mãos estão sempre captando frequências quando estamos sob a luz do sol, mas, quando as mantemos levantadas na direção do céu – com intenção –, isso garante um verdadeiro banquete de nutrição celestial. Quando voltamos as palmas das mãos para o céu durante o dia, ou em direção ao Sol, recebemos energias de motivação relacionadas a conquistas práticas. Quando as levantamos na direção do céu noturno, especialmente em direção à Lua, recebemos inspiração espiritual. Dois ou talvez três minutos investidos nesse ritual são suficientes. Essa cerimônia simples pode nos conectar com entidades benevolentes e outras forças superiores, propiciando o entusiasmo de que precisamos para resolver uma questão atual ou, mais importante, nos inspirar um grande propósito. Nossos ancestrais, que conheciam nossa relação com as estrelas, estavam bem familiarizados com esse ritual, por isso é comum encontrá-lo na arte egípcia. Agora estenda as mãos e alcance o céu!

– Extraído e adaptado de "The Magick on our Hands",
de Vernon Mahabal, *Llewellyn's 2023 Magical Almanac*.

Magia com palmeiras e água de coco

As palmeiras são árvores que evocam paisagens de praias tropicais, florestas úmidas e oásis de desertos, talvez sombreando fontes de água. Essas plantas sempre tiveram papel na magia. Têm esse nome porque suas folhas longas se assemelham a uma palma e aos dedos, mas vale ressaltar que nem todas as palmeiras têm folhas com esse formato.

As palmeiras podem ser consideradas "árvores humanas", pois uma palmeira comum tem a mesma expectativa de vida de um ser humano (em torno de 78 anos, com algumas variedades vivendo mais de 100 anos). Crescem rapidamente e não produzem anéis, então há um debate sobre se a palmeira é realmente uma árvore.

Independentemente do que você acha que uma palmeira pode ser, há, definitivamente, uma grande variedade delas; existem mais de 2.500 espécies de palmeiras e arbustos, e, no Brasil, há em torno de 300 espécies.

Assim como todos os seres naturais, sobretudo as árvores, as palmeiras têm a própria marca especial de magia, e cada variedade tem atributos particulares a oferecer. Há ótimos recursos para descobrir as propriedades mágicas das árvores, incluindo as tropicais.

Embora certamente você possa recorrer a eles ao incorporar uma árvore específica à sua prática, eu o incentivo a observar a árvore por si mesmo. Não estou sugerindo que você invente atributos mágicos, mas recorrer à natureza física da árvore (padrões de crescimento, frutos e ciclo de vida) lhe dirá muito sobre o que ela é capaz de oferecer à sua prática mágica. Por exemplo, uma palmeira frutífera como a tamareira seria boa para magia de elevação de energia (tâmaras = açúcar = energia!). Como é a aparência da árvore? A palmeira-de-leque, uma das minhas favoritas, tem folhas grandes em forma de leque. As folhas largas dessa palmeira crescem para fora (da esquerda para a direita) e para cima, a partir de um caule central. Essa observação me diz que essa palmeira seria boa para trabalhos relacionados à confiança. Talvez você a plante no jardim da frente para atrair beleza, majestade e sucesso para sua casa.

O Brasil é conhecido por abrigar grande diversidade de palmeiras, com várias espécies encontradas em diferentes regiões do país. Aqui estão alguns exemplos notáveis de palmeiras brasileiras:

+ **Açaí** (*Euterpe oleracea*): o açaí é uma das palmeiras mais conhecidas e cultivadas no Brasil. Suas frutas roxas são usadas para fazer sucos, sorvetes e outros alimentos, sendo especialmente populares na região amazônica.
+ **Buriti** (*Mauritia flexuosa*): encontrado principalmente na região do Pantanal e na Amazônia, o buriti é uma palmeira alta e esbelta. Suas frutas são ricas em nutrientes e podem ser consumidas *in natura* ou usadas na produção de óleos e cosméticos.

- **Bocaiuva** (*Acrocomia aculeata*): também conhecida como macaúba, a bocaiuva é uma palmeira encontrada em várias partes do Brasil, em especial no Cerrado. Suas amêndoas são usadas para fazer óleo, e seus frutos, apreciados como alimento.
- **Carnaúba** (*Copernicia prunifera*): a carnaúba é uma palmeira icônica do Nordeste brasileiro, sendo conhecida como "árvore da vida". Suas folhas cerosas são usadas para produzir a famosa cera de carnaúba, utilizada em produtos cosméticos, polimentos e até na indústria alimentícia.
- **Coco-da-baía** (*Cocos nucifera*): embora seja uma espécie originária da Ásia, o coco-da-baía é amplamente cultivado e encontrado em todo o litoral brasileiro. Suas frutas são usadas para fazer água de coco, óleo de coco, leite de coco e uma variedade de pratos e sobremesas.
- **Tucumã** (*Astrocaryum vulgare*): o tucumã é uma palmeira nativa da região amazônica. Seus frutos alaranjados são apreciados pelo sabor adocicado e utilizados em preparações culinárias, como doces, geleias e sorvetes.
- **Jerivá** (*Syagrus romanzoffiana*): o jerivá é uma palmeira encontrada em várias partes do Brasil, especialmente no sul do país. Suas sementes são comestíveis, e a árvore é valorizada pela beleza ornamental.

Como você pode incorporar as palmeiras e os presentes que elas trazem em sua prática mágica? Adoro trabalhos práticos que sejam experimentais e consumíveis.

Água de coco da Lua

Quando li pela primeira vez sobre o método "Power Wish" da astróloga japonesa Keiko para aproveitar a energia da Lua cheia e da Lua nova, fiquei encantada por ela incluir em seu livro um ritual para fazer Água da Lua. Esse recurso permite que você continue a acessar o poder de uma Lua Cheia ou Nova dias depois que a fase tenha passado. Keiko usa garrafas ou copos azuis para guardar a água que captura os raios da Lua... mas e se essa água fosse água de coco, tão abundante no Brasil?

Como os cocos produzem a própria "água", isso imediatamente os associa ao elemento Água. A forma redonda e a polpa branca os conectam à Lua e, portanto, à Deusa. Na verdade, os cocos são úteros perfeitos para a magia de incubação e nascimento – que é o que as Luas Nova e Cheia representam!

O líquido dentro do coco é um pouco turvo e tem sabor sutil da polpa. Como a água, ele hidrata, mas também fornece uma dose de cálcio, magnésio e potássio. (Tenha cuidado se você tiver problemas com altos níveis de potássio!) A água de coco é a polpa do coco líquida (à medida que a semente amadurece, a polpa fica mais espessa, e o líquido diminui). Um coco jovem terá mais "água" que um que esteja amadurecendo há algum tempo.

Para fazer a água de coco da Lua, você só precisará de um coco (o coco verde costuma ter volume maior de água, e a casca ser mais propícia para inscrições), uma caneta permanente e um copo. (Você pode usar copos transparentes ou azuis.) Na Lua Nova ou Cheia, certifique-se de estabelecer sua intenção (Lua Nova) ou declaração de gratidão (Lua Cheia), então escreva isso na casca do seu coco. Abra-o e despeje a água num copo, para expô-la à fase da Lua. Você também pode manter a água no coco, mas, provavelmente, é mais fácil coá-la e passá-la para um copo. Como você não está trabalhando com água normal, deixe que a Lua "toque" a água de coco por uma hora antes de bebê-la. (A água de coco só se manterá boa para consumo por alguns dias – e apenas se mantida refrigerada!) Quando esse ritual estiver completo, lembre-se de usar todo o coco: guarde a polpa para incorporar em outros trabalhos mágicos e receitas e use a casca como vaso, composto ou combustível para um ritual de fogo.

Vela do oásis

Todos nós já estivemos no deserto. Os desertos literais são lindos, mas estou falando daquele lugar árido, onde você se sente sem energia e cansada de qualquer jornada que tenha enfrentado, seja um projeto no trabalho, uma semana particularmente difícil ou apenas uma experiência desafiadora. Você precisa de um momento para descansar... e, então, você vê, em algum lugar à frente (você não tem certeza a que distância), ele brilhando, convidando: um oásis. Eu amo os oásis dos filmes e da ficção. São áreas verdes luxuriantes, sombreadas por palmeiras, repletas de fontes, figos, camelos, tendas, cafetãs e tapetes mágicos.

Os oásis reais no deserto não estão muito longe dessa descrição: fertilizados por fontes de água às vezes escondidas, geralmente são habitados, plantados (terras férteis são difíceis de encontrar no deserto!) e cuidadosamente mantidos. Em lugares como o Saara, os oásis frequentemente eram paradas nas rotas comerciais. Talvez você não more perto de um deserto, mas, quando precisar de descanso, use esta vela para evocar a paz e o alívio que um oásis tem a oferecer.

Adoro trabalhar com folhas de cera de abelha para confecção de velas, pois são fáceis de manipular e enrolá-las é uma maneira agradável de selar um feitiço! Azul e verde são cores pacíficas e hidratantes; representam o verde e a água do oásis. Por induzirem à paz, o incenso de olíbano, sândalo e patchouli seriam boas escolhas para esse trabalho.

Você vai precisar de:

① Incenso do seu aroma favorito
② 1 folha quadrada de cera de abelha, azul ou verde
③ Um pedaço de pavio de vela que seja pelo menos 5 centímetros mais longo que a folha de cera de abelha
④ Óleo de palma ou de coco
⑤ Areia ou glitter dourado

Acenda seu incenso e, em seguida, coloque a folha de cera de abelha numa superfície plana. Posicione o pavio de modo que fique alinhado com uma das bordas da folha de cera de abelha e pressione-o na cera. Ao começar a enrolar a vela, você vai iniciar por essa extremidade, para que o pavio termine no centro da vela. Uma ponta do pavio deve ficar alinhada com a folha; essa será a base da vela. A outra ponta deve se estender além da borda oposta.

Despeje o óleo de coco ou de palma num prato e mergulhe os dedos nele. Usando os dedos, escreva as palavras "descanso", "renovação" e "paz" repetidamente na folha de cera de abelha com o óleo. Enquanto faz isso, visualize-se descansando num oásis. Sinta a brisa fresca no rosto. Veja as palmeiras balançando acima de você. Sinta o aroma do incenso e das frutas no ar.

Quando sentir que impregnou a cera com essas energias, polvilhe o glitter dourado ou a areia (ou ambos!) sobre a folha, com esta bênção:

> *Um ponto verdejante na areia dourada.*
> *Descanso, renovação e paz abençoados!*

Começando pelo lado onde está o pavio, role cuidadosamente a vela, repetindo a bênção. Aperte a vela com cuidado para que o calor de suas mãos sele as camadas de cera de abelha enroladas juntas (se ainda estiver solta, use um secador de cabelo para amolecer a cera e, em seguida, aplique pressão na emenda para fechá-la).

Acenda sua vela oásis quando precisar de um momento de refúgio.

Smoothie vibrante de palmeira

Quando comecei a passar muito tempo no sul da Flórida, descobri, para minha alegria, que havia uma loja de *smoothies* a cada cinco metros – e a maioria delas aproveitava a abundância de produtos tropicais locais para fazer seus *smoothies*. Um que acabei bebendo todos os dias era uma mistura chamada *"smoothie* ensolarado", por causa de sua cor amarela.

Esta receita é inspirada em minha experiência na Flórida. Criá-la é um ritual, e seus ingredientes elevam e iluminam, sem contar que as especiarias também têm propriedades anti-inflamatórias. É um pouco mais doce, com um toque picante, e usa os produtos de quatro palmeiras e plantas. O coco é restaurador e nutritivo, e, se fiquei impressionada com a visão da minha primeira palmeira, fiquei absolutamente maravilhada quando vi bananas crescendo numa árvore, não empilhadas num cesto no supermercado! Bananas trazem sorte e prosperidade. Entre outras propriedades mágicas, o abacaxi é símbolo de boas-vindas (olá, oásis!) e traz vibrações amigáveis para esse trabalho. O abacaxi é uma palmeira ou um arbusto? Há controvérsias, mas estou inclinada a acreditar que suas tendências tropicais, sua casca espinhosa e suas folhas pontiagudas lembram uma palmeira. A última fruta desse *smoothie*, as tâmaras, são chamadas de "fruta dos reis" e trazem poder e energia à bebida!

Faça e beba esse *smoothie* como parte de um ritual para refrescar a alma, restaurar a resiliência ou cultivar as vibrações de uma atitude iluminada.

Você vai precisar de:

1. 1½ xícara de leite de coco (mais um pouco, se necessário)
2. 1 banana
3. ½ xícara de abacaxi em cubos
4. 1 tâmara
5. 1 colher de chá de uma "mistura de especiarias picantes" (Misture 1 colher de sopa de gengibre em pó, canela em pó e pimenta-do-reino com 2 colheres de sopa de açafrão.)

Coloque os ingredientes no liquidificador, um de cada vez. Enquanto faz isso, repita este encantamento (ou uma de sua própria invenção) para invocar o poder da palmeira:

Fruto da palmeira, traga calor e luz,
Que em frescor cura em visão se traduz!

Depois que todos os ingredientes estiverem no liquidificador, bata-os até que fiquem homogêneos. Adicione um pouco mais de leite de coco se a mistura estiver muito espessa para beber com um canudo. Para um *smoothie* supergelado e refrescante, congele o abacaxi e a banana antes de misturá-los.

Que as palmeiras sempre abençoem você em todos os caminhos!

– Extraído e adaptado de
"Palm Tree Magic",
de Natalie Zaman, *Llewellyn's*
2023 Magical Almanac.

Magia com Pedras Encontradas na Natureza

Conheço muitas pessoas com prateleiras, caixas, sacolas, potes e garrafas cheios de cristais e pedras. Sim, sou uma delas. Adoro trabalhar com pedras ao fazer magia e considero todas as minhas pedras muito preciosas, desde o maior dos aglomerados de cristal até a menor das pedrinhas roladas. Algumas das pedras que uso na prática da Bruxaria não vieram de uma loja de pedras, de uma loja esotérica ou de um site especializado, e algumas parecem pedras muito comuns à primeira vista. Um olhar mais atento, porém, revela que elas fazem parte de uma coleção diversificada de texturas, cores, formas e tamanhos, e cada uma delas chegou até mim com uma história, não com uma etiqueta de preço. Essas são as pedras que eu mesma encontrei ou recebi de presente depois que alguém as encontrou na natureza. Para uma Bruxa que olha o mundo inteiro e tudo o que existe nele como algo mágico, esses são tesouros poderosos com os quais podemos trabalhar.

Existem muitas razões para você colecionar pedras que encontra na natureza e fazer magia com elas. Para Bruxas ainda escondidas no armário de vassouras, o que parece ser uma pedra interessante encontrada numa caminhada pode ser um poderoso instrumento mágico secreto, que elas podem usar sem levantar nenhuma suspeita. Uma pedra encontrada também é um instrumento maravilhoso para as Bruxas com orçamento apertado! Usar uma pedra encontrada por mim mesma num feitiço também me parece algo muito pessoal e desperta minha criança interior – quando eu era criança, costumava pegar todas as pedras interessantes que via no chão, porque sabia que deviam ser mágicas! *Spoiler*: eu estava certa sobre isso, e sua criança interior também devia andar com os bolsos cheios de pedras!

Outro grande motivo para acrescentar minerais encontrados na natureza à minha coleção é que, à medida que o movimento esotérico cresce, têm surgido tantos comerciantes de cristais antiéticos por aí que pode ser um desafio localizar pedras retiradas da terra com ética e cuidado (tanto pela natureza quanto pelas pessoas empregadas na mineração). Por isso, é sempre uma boa ideia pesquisar e tirar dúvidas na hora de comprar suas pedras, certificando-se de identificar quais são as fontes delas e aprender mais sobre mineração e sobre as práticas de direitos humanos nas áreas nas quais as pedras foram mineradas. Pedras extraídas de maneira ética podem custar um pouco mais, mas valem a pena. A boa notícia é que, quando encontra uma pedra no chão, você sabe exatamente de onde ela veio e as circunstâncias em que foi retirada do seu local de origem.

Começar uma coleção de pedras não é tão difícil quanto você pensa. Mesmo que esteja vidrada nos lindos geodos de cristal que suas companheiras Bruxas estão exibindo nas redes sociais, juro que, quando a emoção de procurar belas pedras der frutos e você encontrar aquele lindo cristal que estava esperando por você, seu coração de Bruxa vai derreter! Acho as pedras encontradas na natureza lindas, mágicas e inspiradoras. Tudo que você realmente precisa são bolsos e um local por onde começar – e, claro, uma intenção que leve a pedra certa a encontrar você!

Como definir sua intenção para encontrar uma pedra

Quando saio para fazer caminhadas, nem sempre fico procurando pedras no chão, mas, às vezes, uma chama a minha atenção. Outras vezes, defino com antecedência a intenção de que estou procurando suprimentos naturais para determinado propósito mágico. Esse propósito pode ser planejar um feitiço, celebrar um sabá, superar algum desafio pessoal pelo qual estou passando ou até mesmo desenvolver uma mentalidade específica que estou tentando nutrir; então, quando saio para o meu passeio, já defini a intenção de encontrar o que preciso.

Definir essa intenção é bem simples: ao sair de casa, apenas declaro mentalmente para a minha divindade favorita algo como: "Vou ser guiada para encontrar uma pedra que me ajude a ter mais saúde" ou "Se houver uma pedra que possa me ajudar no meu feitiço de proteção, por favor, que ela chame a minha atenção". Costumo encontrar uma pedra especial quando faço isso, talvez uma com uma listra interessante no meio, uma cor incomum, uma forma peculiar ou um certo brilho mais intenso. Lembre-se, isso não é o mesmo que comprar um cristal, porque, é claro, você não sai para passear dizendo "Preciso de uma malaquita para o meu feitiço para atrair dinheiro" e depois espera encontrar uma malaquita verde e preta brilhando na calçada.

Ao trabalhar com pedras encontradas na natureza, precisamos repensar nossas correspondências e nossas relações com as pedras. Os tipos de minerais que você encontra na natureza variam de acordo com o local onde mora, por isso você precisa se limitar aos tipos de pedras que existem na sua região. O que você provavelmente vai encontrar não é uma pedra que se encaixe numa classificação específica (como quartzo rosa para o amor ou labradorita para habilidades psíquicas), mas, sim, uma pedra com sua própria energia, que estará respondendo ao seu pedido, aquele alinhado ao seu propósito. Você vai se sentir atraída por essa pedra, e ela parecerá a pedra "certa" quando segurá-la na mão. Quando estiver usando essa abordagem, você não precisará, necessariamente, procurar correspondências; vai apenas ouvir e sentir o propósito da pedra.

Onde coletar pedras

Você pode começar a coletar pedras no próprio quintal. O que pode descobrir ao lado de casa pode ser bastante surpreendente. Lembro-me de cavar no meu jardim e descobrir uma pedra plana e multicolorida, com um padrão de olho surpreendente bem no meio dela! No dia anterior, eu havia pedido a uma divindade em particular que protegesse a minha casa e minha família e senti que essa pedra foi uma confirmação de que essa divindade estava realmente olhando por nós. Ainda guardo essa pedra comigo.

Encontrei pedras em terrenos baldios, enquanto caminhava pelo meu bairro, na calçada e também em meio à natureza. Mas, quando estiver em busca de pedras, só tenha cuidado para não entrar na propriedade de outra pessoa! No entanto, se a pedra estiver na rua ou na calçada, aí, sim, ela pode ser sua. Se você estiver num parque estadual ou nacional, é melhor verificar as leis locais, pois a coleta de pedras pode ser proibida. Caminhar na praia ou na beira de rios e riachos é uma das melhores maneiras de encontrar pedras interessantes. Apenas esteja ciente de quem é o dono das terras e se é permitido levar uma pedra para casa.

Encontrar um local na natureza, de propriedade pública, é sua melhor aposta. Você pode fazer uma pesquisa na internet para ter certeza de que pode coletar pedras no local em que pretende pegá-las.

Se quiser encontrar pedras específicas na natureza, outra opção é verificar os locais onde você pode garimpar as próprias pedras e cristais pagando uma taxa. No município de Campos Verdes, no estado de Goiás, por exemplo, turistas podem garimpar as próprias pedras preciosas no sistema "Garimpe e Pague". Tudo o que têm que fazer é adquirir um carrinho de xisto numa das mineradoras cadastradas pela prefeitura e "garimpar" com as próprias mãos suas esmeraldas. Nessa cidade, os turistas também têm a oportunidade de visitar áreas de garimpo de esmeraldas a mais de 200 metros de profundidade e conhecer de perto todos os processos de extração e lapidação de esmeraldas.

Outras minas do Brasil também são abertas aos turistas, como as do município de Ametista do Sul, que leva o nome do seu principal atrativo. Essa cidade situada no norte do Rio Grande do Sul é conhecida como a "capital mundial da pedra ametista", pois há mais de 100 minas licenciadas para a exploração de ametistas e ágatas no município. Ali, o turista também pode conhecer a atividade do garimpo e como as pedras são extraídas do interior de galerias subterrâneas, além de visitar o Ametista Parque Museu, que abriga a ametista mais valiosa do mundo.

Alguns tipos de pedras só podem ser encontrados em locais específicos, como o quartzo de terminação dupla, chamado diamante Herkimer, só encontrado em Herkimer, no estado de Nova York. Conheço uma artesã que compra peças de bijuterias lá. Minha irmã e o marido dela, uma vez, passaram um dia inteiro coletando diamantes Pecos direto do solo, ao longo do vale do rio Pecos, no Novo México. Eles acharam tantos que ela me mandou uma sacola cheia de minúsculos cristais de terminação dupla cor de ferrugem. Eu os uso até hoje em grades de cristal e feitiços, e dou muito valor a eles, porque foram coletados com carinho e oferecidos de presente a mim, com muito amor.

Se você decidir visitar um desses lugares, informe-se sobre eles, com antecedência, em sites da internet, para descobrir detalhes, antes de visitá-los. Desse modo, você vai saber o valor das taxas, quais são as regras e que tipo de pedra você provavelmente encontrará.

Além disso, leia comentários de quem já esteve no lugar para saber se terá uma boa experiência. Certifique-se também de vestir roupas confortáveis e levar bastante água e protetor solar.

Não importa onde você escolher procurar pedras, lembre-se de respeitar a natureza e as propriedades particulares. Nunca desfigure, danifique ou remova características naturais e deixe a área pelo menos tão limpa quanto você encontrou. Algumas pessoas gostam de deixar uma oferenda no local quando encontram uma pedra especial. Você pode derramar água na terra ou deixar uma oferta de comida. Se deixar comida, pode ser uma bolacha de água e sal ou algo que não faça mal à vida selvagem. Em vez de deixar algo no local, você também pode recolher o lixo que encontrar ali. Na região onde moro, infelizmente é muito comum encontrar lixo em meio à natureza, por isso recolhê-lo é uma maneira maravilhosa de demonstrar gratidão. Se resolver recolher o lixo, use luvas de borracha para não correr o risco de se cortar e higienize bem as mãos depois.

Como identificar as pedras

É perfeitamente normal fazer magia com uma pedra encontrada na natureza, mesmo que você não consiga identificá-la. Sei que parece estranho, mas posso garantir que você pode identificar o que uma pedra lhe diz mesmo sem saber o nome dela. Nós, seres humanos, adoramos nomear as coisas; portanto, ter curiosidade para saber mais sobre as pedras que você coletou com as próprias mãos é absolutamente normal.

Vou orientá-la sobre o processo que uso para identificar as pedras que encontro na natureza. Lembra-se daquela pedra com o padrão de olho que encontrei? Para encurtar a história, fiz uma rápida pesquisa na internet para aprender sobre as pedras mais comuns da minha região. Procurei pelas "pedras mais comuns do Missouri", que é onde moro, e isso reduziu muito minha busca. O departamento de Geologia das faculdades de sua cidade também conhece as pedras de sua região, e elas são um ótimo recurso, então verifiquei o site do departamento de Geologia dessas instituições. Descobri que o sílex é comum no Missouri, e minha pedra se parecia com algum tipo de sílex nas fotos que encontrei na internet. Se você tentar, mas não conseguir identificar uma pedra interessante que encontrou por conta própria, provavelmente poderá enviar as fotos e as informações sobre onde a encontrou ao departamento de Geologia de alguma faculdade, para que alunos, professores ou funcionários possam ajudar a identificá-la.

Em seguida, procurei os sílex nos índices de meus livros de Bruxaria sobre minerais e descobri que ele era mencionado no *The Second Book of Crystal Spells*, de Ember Grant, onde li que o jaspe e a pederneira são tipos de sílex! Aparentemente, a pederneira e o sílex são quase a mesma pedra, mas de cores diferentes: a pederneira é cinza, e o sílex pode ter tons de bege, ferrugem ou ambos. Essas duas pedras eram usadas na Idade da Pedra para fazer ferramentas e armas para proteger as pessoas, acender fogueiras, cozinhar alimentos e preparar plantas medicinais – elas foram muito importantes! Encontrei a pederneira na *Cunningham's Encyclopedia of Crystal, Gem, & Metal Magic* também. Depois que acabei de pesquisar os livros, voltei à internet e procurei "propriedades mágicas do sílex" e "propriedades mágicas da pederneira" e vasculhei vários sites de pedras. Todas as minhas fontes concordam que tanto o sílex quanto a pederneira são pedras de proteção, cura, estabilidade emocional, segurança e paz. Fiquei encantada ao saber, por meio da minha pesquisa, que as propriedades que inicialmente senti quando desenterrei minha pedra do jardim foram confirmadas.

Você pode fazer isso com qualquer pedra que encontrar. Quando estou comprando cristais, sempre consulto o folheto que descreve suas propriedades, mas é muito gratificante fazer essa jornada de descoberta por si só. Depois de fazer esse trabalho, nunca mais esqueço as propriedades da pedra e o modo como minha intuição foi confirmada pela minha pesquisa!

Pedras para todos os propósitos mágicos

Existem muitas maneiras de determinar como uma pedra encontrada na natureza pode ser usada na magia. Como já mencionei, sentir a energia da pedra é uma delas. Há também características físicas que podem dar dicas sobre o uso mágico dela. Algumas das mais óbvias são a forma, a cor e as circunstâncias da descoberta. As pedras podem ser encontradas em todas as formas, e algumas são mais interessantes que outras. Tenho uma pedra que meu genro achou e me deu; ela se parece com um enorme grão de café! Eu a mantenho ao lado da cafeteira, na cozinha, para transmitir seu impulso de energia a cada bebida. Você pode encontrar pedras na natureza com muitas formas interessantes:

- ✦ Pedras quadradas podem ser usadas para impulsionar a lógica, a ordem e o controle.
- ✦ Pedras redondas e ovais podem ter energia calmante e representar movimento e harmonia.

- ✦ Uma pedra em forma de triângulo pode ser uma boa opção para turbinar magias para aumentar a força pessoal, o poder e o senso de direção na vida.
- ✦ Você pode encontrar pedras com a forma aproximada de um objeto ou um animal, e elas podem ser usadas para canalizar a energia de como são moldadas. Você já encontrou uma pedra que se parece um pouco com um coração? Ela será ótima para um feitiço de amor. Uma pedra plana e redonda como uma moeda pode ser ótima para feitiços para atrair dinheiro.
- ✦ Pedras com furos naturais são muito valorizadas. Chamadas de "pedras da bruxa", são boas para magia de proteção. Por tradição, são penduradas na cabeceira da cama, para proteger contra pesadelos.

As pedras encontradas na natureza também têm cores diferentes, embora essas cores costumem ter mais matizes que as contrapartes polidas.

Você pode trabalhar com as pedras de acordo com as correspondências de cores. Mesmo que uma pedra não tenha um tom vivo de vermelho, seja apenas avermelhada, isso conta como vermelho; a pedra azulada também tem as propriedades mágicas de uma pedra azul, e assim por diante.

As cores podem significar coisas diferentes, de acordo com a pessoa; por isso, sinta-se livre para ouvir o próprio coração. Listas de correspondência de cores, como a que consta a seguir, são um bom lugar para começar:

- ✦ **Vermelho:** coragem, paixão, fogo
- ✦ **Rosa:** amor, carinho, liberação do estresse
- ✦ **Laranja:** autoestima, sorte, positividade, criatividade
- ✦ **Amarelo:** expressão, poder pessoal
- ✦ **Verde:** crescimento, finanças, fertilidade
- ✦ **Azul:** cura, paz, comunicação
- ✦ **Roxo:** habilidade psíquica, meditação, cura emocional
- ✦ **Branco:** Lua Cheia, sorte, substituição de qualquer cor
- ✦ **Preto:** Lua Nova, proteção, banimento, aterramento
- ✦ **Cinza:** neutralizar uma situação, estabelecer limites, reverter situações
- ✦ **Marrom:** estabilidade, casa e lar, concentração

O local em que uma pedra é encontrada também pode ter influência sobre o tipo de magia para o qual ela pode ser usada. Uma pedra encontrada no estacionamento de um banco seria ótima para magias com dinheiro. Uma pedra encontrada na praia, quando você está vivendo um dia cheio de amor e alegria, pode evocar esse sentimento na magia. Uma pedra encontrada perto de determinada planta ou árvore pode compartilhar algumas das energias desse vegetal.

Espero que você considere a possibilidade de usar algumas pedras encontradas na natureza em sua prática mágica. Essa é uma maneira muito gratificante de expandir seu kit de ferramentas mágicas, mas também sua intuição e seu conhecimento. Enquanto você empreende sua jornada pelos caminhos da magia, observe esses caminhos e veja o que a natureza lhe traz!

Alguns livros da Editora Pensamento sobre cristais e pedras:

Grant, Ember. *O Livro Mágico dos Cristais*.
Hall, Judy. *A Bíblia dos Cristais*, vols I, II e III.

– Extraído e adaptado de "Working with Stones Found in Nature", de Mickie Mueller, *Llewellyn's 2023 Magical Almanac*.

A Magia dos Aromas

Você já sentiu um leve aroma de perfume e imediatamente se lembrou de alguém ou até de si mesma em algum momento do passado? Uma onda de lembranças pode surgir. Aquele perfume que você amava e usava na adolescência, mas do qual havia se esquecido? Apenas um leve indício dele fará sua mente voltar no tempo! De repente, você se lembra das suas roupas favoritas, dos seus amigos, do que você fazia na época e, especialmente, dos seus estados emocionais e psíquicos.

Você já entrou na casa de alguém que não via havia muito tempo e foi instantaneamente transportado de volta ao estado emocional anterior pelo cheiro repentino, mas inconfundível? Embora minha avó Martha tenha morrido há muitos anos, ainda consigo evocar memórias vívidas dela só pelo cheiro de café fresco e biscoitos de anis, que era o que eu sentia toda vez que entrava na cozinha dela.

Meu pai usava uma marca específica de creme dental, atualmente fora de mercado, e eu sentia um leve cheiro quando ele nos dava beijos de despedida todas as manhãs. Minha memória olfativa ainda se recorda daquele aroma. Consigo "pensar" em como cheira a casca da laranja, assim como o pão assando, a bala de hortelã, a gasolina, as folhas queimando, a grama recém-cortada, o asfalto depois da chuva, os pepinos fatiados, e assim por diante.

Os aromas são invisíveis e podem ser efêmeros, mas são moléculas reais e voláteis que viajam pelo ar. Esteja você consciente ou não, saiba que eles podem ter efeito marcante em seu estado de espírito.

Sabe-se muito bem que os cães têm excelente olfato, mas muitos outros animais também o têm, incluindo os seres humanos. Embora tenhamos bem menos receptores olfativos funcionais que um cão, normalmente um ser humano só usa às vezes o sentido do olfato de maneira consciente e talvez não perceba os cheiros que não sejam particularmente fortes ou inesperados. No entanto, o aroma está sempre ao nosso redor e exerce, com frequência, pelo menos uma influência sutil sobre nós. Nosso sentido do olfato e sua conexão com nossas emoções e nossa memória podem ser utilizados na prática da Bruxaria e na magia atmosférica em geral.

Aprimore sua consciência olfativa

O primeiro passo para usar o aroma com sucesso na magia é tornar-se consciente dos odores ao seu redor em todos os momentos do estado de vigília. Onde quer que você esteja, reserve um ou dois minutos para "farejar" conscientemente o ar. Observe e nomeie todos os aromas que perceber. Nomear os odores ajuda você a distingui-los com mais clareza na mente.

Neste momento, estou sentada na minha sala de estar com todas as janelas abertas. É por volta do meio da tarde, e o que sinto é: o aroma tropical de abacaxi do difusor na mesa, um leve cheiro de rosas vindo das minhas mãos pelo creme perfumado que apliquei mais cedo, o inconfundível aroma de grama vindo de fora da janela, o cheiro empoeirado do sofá, o cheiro de cola do meu caderno e um leve cheiro de chuva na brisa (choveu cerca de uma hora atrás). Senti tudo isso sem me mover ou fazer qualquer esforço.

Pratique esse exercício sempre que puder. É especialmente interessante fazer isso ao dar um passeio ao ar livre, pois você descobrirá que há uma enorme variedade de cheiros que constantemente mudam de acordo com o local, o horário, o clima e as atividades que ocorrem ou ocorreram ali.

Outra maneira de aprimorar sua consciência do olfato é sentir intencionalmente o cheiro de algo enquanto repete em voz alta várias vezes como esse cheiro lhe parece. Percorra seu armário de especiarias e cheire a canela, dizendo: "Canela, canela, canela", e em seguida cheire estragão, noz-moscada e assim por diante. Ou percorra seu jardim de ervas ou sua geladeira e faça a mesma coisa. Isso ajudará a fixar na sua memória aromas específicos e tornará mais fácil reconhecê-los quando você encontrar um aroma que seja uma combinação de vários ou muitos aromas diferentes.

Quase todos os aromas são compostos por uma variedade de moléculas, o que pode tornar mais difícil identificá-los e entender que odor você está captando.

Sempre que possível, pratique esse exercício e faça uso de odores reais. Sinta o cheiro de uma porção de musgo úmido na floresta em vez do de uma vela perfumada com aroma de musgo. Rale e inale o aroma da casca de limão em vez de sentir o cheiro do óleo essencial de limão. Afunde o nariz no perfume doce de uma roseira em plena floração em vez de acender um incenso de rosas. A casca de canela moída na hora é preferível ao extrato de canela. Ao inalar esses aromas naturais, procure limpar a mente de quaisquer preconceitos e realmente sentir o que está presente.

É claro que há muitos perfumes que não podemos sentir na natureza porque sua fonte não está disponível. Sândalo, mirra, incenso, patchouli e muitas outras fragrâncias são muito exóticas ou raras para obter facilmente. Nesses casos, um óleo essencial de boa qualidade será a melhor escolha. Muitas velas perfumadas, sabonetes e incensos contêm fragrâncias artificiais criadas em laboratório que podem ser um pouco ou muito diferentes do aroma natural.

Outro excelente exercício para melhorar a "sensibilidade aos odores" é ter alguém que lhe apresente uma variedade de amostras, uma de cada vez, enquanto você está de olhos vendados. Nesse exercício, é melhor nomear quaisquer odores que seu nariz identificar em vez de tentar descobrir o que o objeto realmente é. Um feijão-verde cortado pode ter aroma de folha, docemente floral e ligeiramente picante, por exemplo. Esteja atento para não lavar as mãos com sabonete perfumado ou usar creme antes de fazer esse exercício.

O sistema límbico do cérebro humano, onde as memórias são armazenadas, também processa odores. Nenhum dos nossos outros sentidos tem essa conexão neurológica direta. Os odores podem afetar nosso humor e nosso comportamento apenas se tivermos entrado em contato com eles anteriormente e pudermos associá-los consciente ou subconscientemente a um evento, lugar, pessoa ou outra memória. Odores ambientais agradáveis são melhores que ambientes sem cheiro para melhorar o humor e o desempenho das pessoas, enquanto odores desagradáveis têm impacto negativo no humor e no desempenho. É importante estar ciente de como odores específicos o afetam. Depois, é uma questão de tentativa e erro usar esses mesmos odores para afetar outras pessoas, mas você vai aprender conforme avança. Associar determinado perfume à tranquilidade, meditando enquanto o sente, pode fazer com que seja possível evocar uma sensação de tranquilidade apenas sentindo esse perfume, sem meditar. As emoções humanas surgem e se desenvolvem na parte do cérebro chamada amígdala, que é a mesma área do cérebro que processa e armazena memórias e nosso senso de olfato. Por isso o sentido olfativo, a emoção e a memória estão muito interligados. Assim como associar o perfume de alguém que passa por você a alguém que você conheceu e amou e depois experimentar uma onda de sentimentos e lembranças, também podemos usar o aroma na direção oposta.

Isso significa que podemos criar intencionalmente associações desejáveis a determinado aroma, as quais poderemos reviver a qualquer momento apenas sentindo-o. Isso pode ser extremamente útil na prática de magia, tendo em vista que, muitas vezes, os encantamentos dependem da repetição de uma afirmação várias vezes, ao longo de um período de tempo, para manifestar o desejo em questão.

Diferentes aromas têm sensações diferentes

Os aromas têm o poder de relaxar, acalmar, estimular ou nos colocar em estado de espírito positivo ou negativo, dependendo das associações que nossa memória desenvolveu em relação a eles. O aroma de lavanda, por si só, não provocará sensação de tranquilidade e relaxamento, a menos que sua memória tenha associações tranquilas e relaxantes com ele. Isso é bastante provável, no entanto, já que a lavanda é um ingrediente comum em chás calmantes e produtos de banho relaxantes, dos quais conscientemente você pode não ter percebido por completo.

Depois de passar alguns dias ou algumas semanas semanas aumentando sua consciência dos odores no ar e emanados das coisas e das pessoas ao redor, você estará pronta para experimentar a magia aromática. Aqui estão algumas associações aromáticas que eu mesma criei, mas é fundamental que você use a criatividade e crie as próprias associações para o feitiço que quiser realizar:

- ✦ Prosperidade: gengibre, manjericão, hortelã
- ✦ Amor eterno: rosa, baunilha, almíscar
- ✦ Mais energia: laranja, cravo
- ✦ Mais saúde: maçã, samambaia, musgo

O mais importante a ter em mente ao desenvolver uma memória olfativa para a magia é que o aroma não deve carregar nenhuma associação prévia. Se você deseja lançar um feitiço para a prosperidade, o aroma que vai usar poderá evocar riqueza, como o meu, ou ser diferente, sem relação com dinheiro – algo que cheirará a riqueza para você. Talvez um aroma de bolo de especiarias com chocolate e baunilha ou um aroma rico de madeira de lei representem a riqueza para você.

Aromas para magia são melhores quando feitos com óleos essenciais. Podem ficar bastante caros, então comece adquirindo e usando apenas alguns (um a três) óleos essenciais e aumente a coleção aos poucos, conforme necessário. A coisa mais importante a lembrar ao criar um aroma mágico é que ele não deve carregar nenhuma associação conflitante para você!

Feitiço do aroma da riqueza

Vá para seu lugar sagrado especial com uma vela branca simples, um acendedor e a mistura de óleo essencial escolhida e passe algum tempo sentada em silêncio, respirando fundo, até ficar completamente relaxada. Com as duas mãos, passe algumas gotas do óleo essencial na vela. Coloque-a num suporte seguro, acenda-a e passe suavemente mais uma gota de óleo essencial nas mãos. Diga em voz alta enquanto a vela queima:

Minha riqueza aumenta.
Minha vida está cheia de riquezas.
Minhas mãos estão cheias de riqueza. Sou rica!

Repita essas frases várias vezes enquanto observa a vela queimar e sinta o aroma nas mãos. Ao mesmo tempo, visualize-se tendo todas as riquezas que deseja. Imagine-se cercada por pilhas de barras de ouro e moedas, rolando numa montanha de dinheiro em papel, habitando um palácio ou qualquer coisa que funcione para você. Não continue repetindo as frases e fazendo as visualizações por tanto tempo, a ponto de não perceber mais o aroma da riqueza. Quando isso começar a acontecer, apague a vela, pois o feitiço estará completo. Quando tiver certeza de que o pavio está frio, embrulhe cuidadosamente a vela num pedaço de tecido. Lenços são bons para isso. Guarde-a em algum lugar escondido. Lave as mãos até eliminar qualquer cheiro. Evite sentir o aroma do óleo essencial de riqueza por dois dias. No terceiro dia, num momento de completo relaxamento, vá ao seu espaço sagrado e cheire várias vezes seu óleo da riqueza, afirmando:

Sou rica; minha vida está cheia de riquezas.

Repita esse procedimento mais três vezes. Depois disso, caso comece a sentir uma mentalidade de pobreza, sinta o aroma do seu óleo de riqueza e veja o que acontece.

Utilize essa mesma técnica, alterando o óleo aromático, suas afirmações verbais e sua visualização, para lançar feitiços de magia aromática para atrair amor, ter mais energia, ir bem no trabalho ou na escola, melhorar a saúde, ter uma vida sexual mais empolgante, fazer viagens seguras ou qualquer outra coisa que você queira. Qualquer feitiço aromático pode ser realizado em solidão, com um parceiro ou um grupo, desde que todas as pessoas participantes concordem com o aroma.

Algumas gotas do seu óleo aromático mágico também podem ser vaporizadas num difusor, para criar uma magia ambiental sutil, em momentos oportunos. A magia aromática ativará uma parte do seu cérebro que você talvez não tenha percebido que tinha. Aproveite as maravilhas dos aromas!

– Extraído e adaptado de "The Magic of Scent", de Suzanne Ress, *Llewellyn's 2023 Magical Almanac*.

Magia da Dança do Fogo

Nossos ancestrais reverenciavam o fogo e, em ocasiões especiais, o combinavam com danças. Essa antiga prática mágica os ajudava a celebrar transformações de todos os tipos, incluindo marcos sazonais, como Beltane, e mudanças na vida, como casamentos. Provavelmente, também era usada na magia pessoal. Acredito que a dança com fogo é uma atividade maravilhosa e transformadora que qualquer um pode fazer.

Tenho muitos anos de experiência dançando ao redor de uma fogueira e também sou dançarina profissional do fogo. Já dancei uma forma de dança que envolve o uso de bolas e pesos amarrados em cordas ou correntes, conhecida como *poi*; já dancei com leques em chamas e até com um guarda-chuva em chamas. Dancei, inclusive, com um bambolê em chamas. Com todos esses anos de dança com fogo, aprendi muito sobre os aspectos mágicos desse elemento. Neste artigo, compartilho algumas das minhas percepções e convido você a dançar com fogo comigo – com segurança, é claro. Brincar com esse elemento não é para todos, mas, se você puder fazer uma fogueira ou acender algumas velas, poderá dançar com o fogo e desfrutar também dessa magia maravilhosa.

Preparação

Com o fogo, a segurança sempre vem em primeiro lugar. Você deve garantir que as condições estejam seguras antes de acendê-lo. Considere isso o primeiro passo para uma dança com fogo mágica bem-sucedida.

Para fazer uma fogueira, prepare uma área ao ar livre onde nada inflamável esteja próximo, incluindo folhas secas, grama seca, fósforos, isqueiros ou galhos. Tire quaisquer objetos da área da fogueira (a menos que planeje usar um caldeirão). Se o clima estiver muito seco, ventoso ou ensolarado, provavelmente não é seguro fazer uma fogueira. Uma boa alternativa é dançar com velas em ambientes fechados.

Para dançar com velas, encontre um local seguro para acendê-las. Elas devem estar longe de áreas com correntes de ar, como saídas de ar, janelas e ventiladores. Use suportes de vela e remova qualquer coisa pendurada acima das velas. Coloque-as pelo menos a uns dez centímetros de distância uma da outra e da parede e, no mínimo, a um metro de distância de qualquer item inflamável, como cortinas. Considere colocá-las numa mesa resistente no centro de um cômodo limpo, para que possa dançar ao redor delas.

Purificação

Assim como em qualquer prática mágica, é ideal fazer uma limpeza antes de praticar a dança do fogo. Tome um banho e use incenso ou ervas para queimar e purificar a si mesma e o espaço. Vista-se adequadamente: mangas longas ou largas não são uma boa ideia. Você também deve evitar o uso de seda ou de materiais sintéticos, como o poliéster, se estiver perto de uma fogueira. Considere prender o cabelo se ele passar da altura dos ombros.

Quando tudo estiver pronto, coloque uma música. O ideal é que ela a ajude a cultivar um estado mental meditativo ou fazê-la sentir vontade de dançar.

Despertar

Antes de acender o fogo, crie uma intenção para sua prática mágica, que deve ser algo para o qual você possa direcionar sua energia por meio da dança e do fogo. Quando tiver uma intenção adequada, imagine-a como uma chama tremeluzente no coração. Faça algumas respirações profundas para acender o fogo interno no peito. Quando sentir o peito aquecido e expansivo, acenda a fogueira ou as velas. Reserve um momento para observar o fogo e honrar o elemento primal.

Aquecimento

Fixe o olhar no fogo e deixe que ele derreta qualquer resistência que você tenha à dança. Deixe o fogo e a música inspirarem movimentos em seu corpo. Se desejar, você pode se balançar suavemente enquanto se aquece e deixa o movimento tomar conta do seu corpo. O importante é lembrar os seus movimentos não precisam ser incríveis. Trata-se mais de permitir que o fogo e a música alterem a energia em você.

Esse é um ótimo momento para usar o calor do fogo para dar as boas-vindas aos ancestrais, aos espíritos ou às divindades e convidá-los para participarem da magia. Apenas evoque-os e peça-lhes que a ajudem. Imagine que estão dançando com você.

Dance a magia

Depois de se aquecer, comece a incorporar um pouco de magia em sua dança do fogo. Há várias opções que você pode experimentar, mas o método mais simples é fixar o olhar no fogo e dançar enquanto diz seu feitiço ou suas intenções. Pode exigir esforço unir o feitiço e aos passos, mas tente fazê-lo.

Se você puder dançar em um círculo ao redor do fogo, pode lançar um círculo enquanto dança. Mova-se em um círculo no sentido horário para trabalhar em direção a um objetivo ou dance no sentido anti-horário para diminuir a energia de algo. Por exemplo, se você deseja atrair um novo amigo, pode dançar no sentido horário para aumentar a atração ou no sentido anti-horário para banir sua timidez.

Eleve a energia

A dança do fogo é uma ótima maneira de elevar a energia. Nossas práticas mágicas sempre se beneficiam quando fazemos isso, porque nos dá mais energia para trabalhar, o que torna nossa magia mais forte e mais conectada. Para elevar a energia por meio da dança do fogo, aumente o ritmo da dança e da intenção expressada (como na etapa anterior). Aumente a velocidade até encontrar um ritmo que corresponda à energia da sua intenção. Mantenha o ritmo e deixe a dança do fogo impulsionar sua magia para o próximo nível. Quando sentir que atingiu o ápice, libere a intenção para cima e para longe de você. Imagine-a viajando com a fumaça do fogo até alcançar o destino pretendido.

Intensifique sua magia

A dança do fogo também é uma ótima maneira de melhorar qualquer uma de suas práticas mágicas. Basta elevar a energia, pensar nos feitiços que você está fazendo e enviar energia a eles. Você pode usar suas intenções originais ou fazer novas. Se fizer novas, leve em consideração a fase da Lua (crescente ou minguante) e reflita sobre o estágio atual dos seus objetivos e sobre o que lhes serviria melhor.

"Queime" os obstáculos

A dança do fogo é uma ótima maneira de remover quaisquer obstáculos que estejam no caminho das suas intenções. Para fazer isso, sinta seus impedimentos internos enquanto estiver dançando. Se quiser, você pode exagerar na dança, batendo os pés ou cantando com a música. Quando estiver em contato com o que está bloqueando você internamente, use as mãos para fazer movimentos amplos sobre a cabeça e o corpo, afastando a energia estagnada. Com esforço consciente, empurre essa energia em direção ao fogo. Deixe que os bloqueios queimem completamente nas chamas. Repita essas ações até sentir que removeu todas as obstruções de si mesma.

Em seguida, afaste quaisquer amarras energéticas que você possa ter com obstáculos que existem fora de você. Essas amarras podem parecer pequenas interrupções no ar ou conexões que você precisa cortar. Estenda as mãos para longe do corpo e varra os obstáculos externos em direção ao fogo. Jogue todos eles no fogo. Continue até sentir que todos os bloqueios externos se foram.

Essa prática pode ser uma atividade mágica em si mesma, ou você pode trazer nova energia depois com um feitiço ou um ritual.

Transe

Você pode deixar a mente viajar numa frequência diferente por meio de um transe com o fogo. Muitas pessoas com dificuldade em meditar descobrem que a meditação fica mais fácil quando conseguem se concentrar num fogo hipnotizante. Se você nunca tentou, vale a pena experimentar.

Para entrar em transe por meio do fogo, primeiro fique confortável. Você pode ficar em pé e dançar, ou parado, ou balançar, se preferir. Olhe fixamente para as chamas e respire fundo. Permita que o fogo libere quaisquer pensamentos. Aproveite a sensação visual da luz cintilante. Concentre-se em diferentes partes do fogo e avalie o efeito disso em seu estado de transe. Olhar as chamas azuis brilhantes pode ser uma experiência diferente em comparação a olhar a suave esfera de luz que o fogo emite. Se tiver certeza de que não vai se queimar, chegue um pouco mais perto do fogo. Deixe-o ocupar um campo de visão maior. Experimente e encontre a melhor visualização para seu estado de transe.

– Extraído e adaptado de "Fire Dance Magic",
de Astrea Taylor, *Llewellyn's 2023 Magical Almanac*.

Proteção contra pesadelos

Vários anos atrás, um amigo não praticante de magia me procurou. Ele e a esposa tinham acabado de adotar uma criança nascida em Kosovo, e o menino tinha pedido aos pais um apanhador de sonhos, depois de ver um personagem da série de TV favorita do pai falar sobre esse objeto. Nenhum dos pais tinha ancestrais indígenas. Como eu era a única Bruxa que eles conheciam, perguntaram a mim sobre o apanhador, porque eu costumava encontrar soluções místicas para alguns problemas da minha vida. Fiz algumas perguntas ao pai sobre por que o filho queria um. Ele tinha achado os apanhadores de sonhos legais? A princípio, o garotinho apenas disse que queria um, mas depois de um pouco de insistência a verdade veio à tona. Ele ainda tinha pesadelos com a época em que vivia em Kosovo e com as perdas que sofrera em seus país. Depois de conhecer os inexprimíveis horrores que tinham marcado sua primeira infância, concluí que, se alguém precisava de um apanhador de sonhos, era certamente aquele garoto.

Usando as informações que tinha na época, dei ao pai da criança o contato de artesãos nativos que moravam nas proximidades, que o orientaram sobre como usar os apanhadores de sonhos corretamente e deram ao filho dele toda a ajuda necessária para combater seus pesadelos.

Vários anos depois, eu mesma tinha dois filhos em casa no meio de uma pandemia. Ambos conversavam longamente sobre as preocupações de 2020 e lutavam para superar as reviravoltas que tinham acontecido na vidas deles antes do confinamento. Pesadelos e o hábito de evitar o sono tornaram-se regulares. Embora, às vezes, a causa fossem travessuras de adolescente, vezes eram sentimentos, medos e o estresse de ser uma criança sem controle ou voz sobre as coisas que estavam acontecendo. Fazíamos tudo que pais com orçamento limitado e guarda compartilhada podiam fazer, mas precisávamos de uma mãozinha mágica. Os apanhadores de sonhos não eram uma opção. Embora os meninos tivessem parentesco com indígenas nativos americanos, suas raízes remetiam a práticas diferentes. Como Bruxa doméstica, tive que desenvolver minha própria maneira de abordar o problema.

As causas dos pesadelos

Existem várias maneiras de combater pesadelos por meio da magia, mas, para que o resultado seja permanente, você precisa entender a raiz do problema, ou seja, o que está provocando os sonhos ruins. De uma perspectiva espiritual, as causas dos pesadelos se enquadram em três categorias: causas físicas (normalmente alimentação inadequada à noite), causas emocionais (vivenciar um trauma ou estresse) e causas espirituais (aproximação de entidades espirituais, feitiços etc.).

Como vim a saber depois de alguma pesquisa, a magia tem uma variedade de recursos para combater pesadelos de cada uma das três categorias. Depois de saber com que tipo de pesadelo está lidando, você pode usar um desses recursos para dissipá-lo.

Causas físicas

As causas físicas dos pesadelos exigem soluções pragmáticas. Por exemplo, consumir algo muito açucarado menos de duas horas antes de dormir pode causar dor de estômago, por isso faça lanches noturnos que não contenham açúcar refinado. Muito barulho e distração podem alimentar o cérebro com imagens impróprias para a visualização noturna. Às vezes, em locais com paredes muito finas, ouvir brigas de vizinhos (ou sentir a energia deles) pode causar reações desagradáveis em pessoas sensíveis. Tornar o ambiente mais repousante antes de dormir pode atenuar o sono ruim e os pesadelos. Se possível, invista em cortinas *blackout* e coloque uma música suave para tocar no quarto. Prefira lençóis feitos de material agradável à pele. Estímulos estressantes enquanto você dorme podem atrapalhar a qualidade do seu sono. Fazer exercícios leves uma hora antes de dormir também pode dar mais qualidade ao seu sono. Posturas simples de yoga, como a do gato e a da criança, permitem a liberação e o aterramento do excesso de energia. Além disso, uma boa xícara de chá de ervas pode induzir o sono. Embora possa ser difícil convencer crianças a tomar chá, se o sabor for agradável (quem sabe você possa acrescentar, digamos, um pouquinho de leite e cacau em pó), essa bebida calmante pode se tornar uma boa opção antes de dormir.

A receita de chá a seguir é composta de ervas conhecidas pelas propriedades calmantes.

Chá contra pesadelos

1. 1 colher de sobremesa de camomila
2. 1 colher de sobremesa de passiflora
3. 2 cascas de mulungu
4. 2 sachês de chá de erva-cidreira
5. 1 sachê de chá de hortelã
6. Água quente
7. Mel para adoçar

Numa xícara, coloque a passiflora, a camomila e o mulungu. Despeje a água quente na xícara e tampe. Deixe em infusão por 5 minutos e coe. Reserve. Em outra xícara com água quente, acrescente os sachês de erva-cidreira e hortelã e deixe em infusão por 5 minutos. Misture o conteúdo das duas xícaras e sirva. Se desejar, misture ao chá um pouco de leite de aveia (aveia tem qualidade relaxante) e adoce com mel. Todas essas ervas promovem o relaxamento e têm gosto bom em comparação a outras ervas indutoras do sono, como a valeriana e a artemísia.

Causas emocionais

Pesadelos causados por questões emocionais costumam ser os mais difíceis de resolver. Às vezes, a criança não consegue expressar o que a incomoda, e, embora um bom chá possa acalmar o estresse, pode não ajudar a resolver problemas mais sérios. Incentivar a criança a encontrar maneiras saudáveis de expressar seus sentimentos pode ajudar a reduzir os terrores noturnos, mas, às vezes, ela precisa de ajuda profissional ou de práticas mágicas.

Quando meu filho adolescente teve um pesadelo recorrente por uma semana, eu ensinei a ele um método que uso para combater meus pesadelos recorrentes: trazê-lo à consciência enquanto você está acordado. Ele continuou sonhando com a figura de um homem mascarado e ameaçador perseguindo-o pela floresta. Quando me contou sobre o problema, conversamos um método para enfrentá-lo.

Eu disse a ele que pensasse no sonho quando não estivesse dormindo e, então, acordado e no controle, arrancasse a máscara do rosto da figura misteriosa. Foi preciso algumas tentativas, mas ele finalmente pegou o homem mascarado. Na terra dos sonhos, o irmão mais novo era quem o perseguia. Ele teve o sonho mais uma vez naquela noite. Enquanto sonhava, ele disse ao irmão que parasse com a perseguição – o sonho mudou, e esses pesadelos se interromperam.

Às vezes, porém, nossos filhos têm emoções com causas mais nebulosas que não resultam em sonhos recorrentes. Nessas situações, eles precisam apenas de um pouco de magia extra. Meus filhos não gostam muito de travesseiros aromáticos, pois os acham "estranhos". No entanto, adoram seus bichos de pelúcia. Quando encontrei um dos ursinhos de pelúcia das crianças com zíper nas costas, tive uma ideia: por que não torná-lo um protetor contra pesadelos? Fui à loja esotérica do meu bairro e comprei um citrino, pedra que recarrega outras pedras continuamente; um quartzo enfumaçado, para proteção, e uma ametista, para curar qualquer dor emocional persistente. Acrescentei um pouco de artemísia (para ajudar a induzir o sono), folha de louro (para atrair bons sonhos) e lúpulo (para acalmar os nervos); depois coloquei todas as pedras e ervas dentro do ursinho, com seu enchimento de fibras. Durante alguns dias, peguei o urso nas mãos e conversei com ele, como se o brinquedo estivesse ligado ao espírito de um urso-pardo, e expliquei como queria que ele ajudasse meu filho.

Agora meu filho tem um ursinho de pelúcia que dorme com ele e o protege dos pesadelos. O citrino dentro dele recarrega continuamente os outros cristais, por isso não preciso realizar "cirurgias" nem ungir o Amigo Urso com qualquer coisa que possa ter cheiro estranho, a ponto de meu filho querer tirá-lo do quarto.

Causas espirituais

As causas espirituais dos pesadelos são mais comuns em adultos que em crianças. Certa vez, trabalhei num abrigo para mulheres em que o ex de uma mulher usou uma feitiçaria específica da sua cultura para atormentar as crianças como forma de puni-la. Eu sempre percebia quando as crianças tinham pesadelos pelo sentimento de medo e repulsa que se apossava de mim quando passava pelo quarto delas à noite. Eu não tinha muita experiência em magia na época, então usava o que sabia para ajudar. Recorri às bolas de chi (bolas de energia geradas pelo meu corpo e pelo ambiente ao meu redor) e as preenchia com a intenção de acabar com os pesadelos. As pessoas que atormentavam aquelas crianças não pensavam que alguém tentaria impedi-las. A mãe não relatou pesadelos naquela noite, e, não muito tempo depois, eles se interromperam completamente.

Não sei se ajudei, se as crianças superaram os pesadelos ou se a mãe encontrou alguém em sua cultura para ajudá-la. Espero que tudo isso tenha contribuído. No dia a dia, uso um copo de água com uma pedrinha de cânfora para afastar entidades e ataques espirituais, método que aprendi no livro *Spiritual Cleansing*, de Draja Mickaharic. Essa água funciona como armadilha metafísica enquanto durmo.

De manhã, eu a jogo no vaso sanitário e dou descarga, depois enxáguo o copo e o encho novamente. Se os pesadelos persistirem apesar da água, apelo para uma divindade considerada uma entidade assustadora da noite. Rezar para Hécate, por exemplo, é muito eficaz quando as visitas noturnas atrapalham meu sono.

Conclusão

Todas as culturas têm pessoas que sofrem com pesadelos. Embora muitas recorram aos apanhadores de sonhos para resolver esse problema, o folclore da magia universal oferece um mundo de recursos para afastar visões aterrorizantes que nos assaltam durante a noite. Temos uma vantagem adicional nos dias de hoje porque entendemos um pouco mais sobre o cérebro humano e sobre as raízes dos pesadelos, e isso nos permite ajustar nossa magia à causa certa e a ter resultados mais definitivos. Durma bem esta noite e todas as outras!

– Extraído e adaptado de
"Nightmare Protection", de Diana Rajchel,
Llewellyn's 2023 Magical Almanac.

Comer, Rezar e Amar com o Hoodoo

Quando Elizabeth Gilbert escreveu o livro *Comer, Rezar, Amar*, havia se divorciado, perdido a casa onde morava e se sentia muito solitária. Embora já tivesse conhecido várias pessoas novas, ela se surpreendia ao ver que só travava relacionamentos ruins, tóxicos e abusivos.

Além de ter se afastado da espiritualidade, Gilbert estava sofrendo porque *não conseguia mais se amar*, encontrar seu lugar no mundo, e esses problemas acabaram por afetar seu estado mental, psicológico e financeiro. Numa atitude desesperada para recuperar o equilíbrio, ela saiu em busca de si mesma e viajou por vários países, numa aventura que durou mais de um ano e a levou a se reaproximar da espiritualidade, a se redescobrir e a reaprender a cuidar de si mesma, como se alimentar bem e cultivar o amor-próprio.

Quando li o livro de Gilbert pensei: "e se ela tivesse aplicado o Hoodoo à vida dela?". Certamente, nem precisaria fazer viagens internacionais para conseguir esse equilíbrio, pois no Hoodoo existem formas bem simples de resolver os problemas mais comuns da vida humana.

O Hoodoo [pronuncia-se *rudu*] é um conjunto de práticas folclóricas do sul dos Estados Unidos que se desenvolveu a partir de Nova Orleans (conhecida como a capital mundial do Hoodoo desde o século XVIII). Trata-se de crendices dos povos negros e indígenas daquela região para combater males físicos, emocionais e espirituais. Entre essas práticas está a utilização de óleos mágicos, banhos de ervas, escalda-pés, lavagens com folhas e raízes para limpar os ambientes e rezas e conjuras antigas.

Algumas conjuras que vou sugerir a seguir são mencionadas em *As Clavículas de Salomão*, os Salmos mágicos da Alta Magia medieval. Elas podem ser encontradas em qualquer bíblia, talvez um artifício engenhoso dos conjures da Antiguidade, para ter à mão um compêndio de encantamentos e conjurações sem levantar suspeitas (os tempos antigos foram épocas difíceis para os praticantes de magia).

Se em algum momento da vida você passar por algum tipo de problema espiritual, físico ou emocional e não souber como resolvê-lo, consulte as sugestões a seguir baseadas no Hoodoo e inspiradas no livro *Comer, Rezar, Amar*.

Comer

Na cozinha da nossa casa, geralmente encontramos ervas poderosas que podem nos ajudar a estabelecer uma conexão maior com o Universo e com o fluxo criador, nos harmonizar e reequilibrar nossa vida.

Segundo o Hoodoo, ervas, especiarias e condimentos precisam ser "acordados", pois suas propriedades energéticas estão adormecidas. O ato de acordá-las potencializa a carga energética da erva ou do alimento, o qual, por sua vez, nutrirá nosso corpo espiritual. Trata-se de um procedimento bem simples que consiste apenas em se concentrar e sentir a textura da erva ou de qualquer alimento nas mãos ou nas pontas dos dedos e falar:

*Que você possa acordar e
me oferecer seus atributos mágicos.*

Quando o alimento estiver no prato, você pode potencializar ainda mais sua energia de cura utilizando um dos salmos a seguir:

✦ Para dores no corpo e recuperar o vigor físico, conjure o Salmo 3.
✦ Para acabar com perseguições no ambiente de trabalho, em casa ou em outros lugares, conjure o Salmo 12.
✦ Para afugentar o mal ou se livrar de influências maléficas, conjure o Salmo 15.
✦ Para transformar um momento de tristeza num de alegria, conjure o Salmo 16.

Adicione à sua alimentação

✦ O **AÇAFRÃO**, que tem grande poder de cura, com propriedades que propiciam o resgate do amor, o sentimento de felicidade e a alegria de viver.
✦ O **ANIS-ESTRELA** torna os véus entre os mundos mais tênues e aumenta a capacidade de perceber o invisível, nos aproximando da nossa espiritualidade, trazendo harmonia e facilitando nosso convívio com as outras pessoas.

> ✦ A **ARTEMÍSIA** provoca sonhos premonitórios, cura e protege nosso corpo, além de afastar o mal. Essa erva também traz equilíbrio, tranquiliza a mente e aumenta a lucidez.
>
> Você pode usar essas ervas da maneira mais simples possível: uma pitadinha na comida, no suco, no chá ou no café já é *suficiente para nutrir a alma*... E, por ser *só* uma pitada, *não vai mudar o* sabor da bebida.

Outra forma interessante de usar ervas e especiarias é nas lavagens de chão. Ferva as ervas escolhidas, coe-as e adicione-as ao balde com água quando for passar pano no chão. Existe uma crença antiga no Hoodoo que diz que tudo o que absorvemos energeticamente entra pelos nossos pés. Se você entrar numa casa "carregada", a energia do local entrará em você pelos pés e afetará sua energia pessoal, por isso é importante fazer um escalda-pés, que tem o poder de criar um campo de proteção nessa região do corpo.

Amar

Nos últimos anos, atendi muitas pessoas que estavam passando por problemas amorosos. Talvez essa seja a raiz de todos os males: os problemas de relacionamento ou de amor-próprio.

Os problemas amorosos são um grande flagelo do ser humano. Conseguimos lutar contra qualquer coisa, podemos ser inabaláveis, invencíveis, mas quem tem o coração partido perde a autoestima e o ânimo de viver. Nesses momentos de dor, a melhor coisa a fazer é cuidar da nossa mente. Porque a mente é a porta do coração.

Podemos promover energias que equilibrem e harmonizem nossa vida consumindo bergamota, laranja, camomila, café, coentro, ginseng e guaco. Essas são frutas, raízes e ervas que representam o sol, a vida, o prazer, além de nos trazer muitos benefícios. Veja a seguir.

- ✦ A BERGAMOTA promove o sucesso, a proteção física, a prosperidade e a fertilidade (de modo geral: fertilidade de pensamentos, de oportunidades, nos planos da vida etc.).
- ✦ A LARANJA promove a calma, a paz, a sorte e o amor. Se você sente a vida turbulenta, consuma uma laranja, com calma, apreciando todo o processo de lavá-la, descascá-la e degustá-la, sentindo cada momento em comunhão com a fruta.
- ✦ A CAMOMILA purifica, cura o corpo, clareia a mente, além de proteger de acidentes, afastar o azar e atrair o amor.
- ✦ O CAFÉ promove a proteção, afasta o mal, propicia alívio e conforto.
- ✦ O COENTRO nos torna menos resistentes ao amor, para que a paixão possa voltar a nascer em nosso coração.
- ✦ O GINSENG faz o desejo renascer em nós, não só o físico, mas também o desejo pela vida, por situações novas e inusitadas, por amizades e companheirismo.
- ✦ O GUACO afasta pessoas falsas e mal-intencionadas. Os indígenas brasileiros dizem que ela serve para afastar cobras, referindo-se tanto ao animal quanto às pessoas.

Outros alimentos capazes de melhorar sua vida

- ✦ Se sentir a mente conflituosa, adicione uma pitada de coentro no chá de camomila e lave o rosto e a cabeça com ele.
- ✦ Caso lhe falte desejo, ferva meio litro de água e adicione uma colher de sopa de ginseng e a casca de uma laranja inteira. Tome essa poção em pequenos goles ao longo do dia.

✦ Para acabar com pesadelos e pensamentos negativos persistentes, queime no quarto de dormir um incenso feito de café e guaco. Para fazê-lo, basta misturar uma colher de sopa de folhas de guaco moídas e duas colheres de chá de café; a mistura obtida pode ser queimada no carvão em brasa em forma de defumação para a casa. Uma mistura similar a essa é vendida na Casa de Hoodoo com o nome de "Incenso da Noite" e conta com algumas ervas a mais, mas o resultado é bem parecido.

As encantações que você pode fazer são:

✦ Para recuperar a prosperidade e o amor, ter sabedoria e orientação espiritual, conjure o Salmo 23.
✦ Para se reconciliar amorosamente com alguém, conjure o Salmo 43.
✦ Para ter paz e tranquilidade no relacionamento, conjure o Salmo 45.
✦ Para superar as crises no casamento, conjure o Salmo 46.

Óleo Hoodoo do amor-próprio

Para fortalecer o amor-próprio, elevar os pensamentos, ter mais coragem e superar momentos de tristeza, use um óleo especial do Hoodoo, fabricado com óleo de amêndoas e manjericão. Trata-se de um óleo simples, mas poderoso, que você mesma pode fazer.

✦ Durante a Lua cheia, colha flores e folhas do manjericão e macere-as com as mãos. Depois, misture-as no óleo de amêndoas e guarde essa mistura num frasco *âmbar*, longe dos raios do sol, por uma semana. Após esse período, o óleo estará pronto para ser utilizado.
✦ Antes de dormir, passe algumas gotas do óleo nas mãos, nos pés, no umbigo, na nuca e nas têmporas. Faça o mesmo ao acordar, até se sentir forte e segura.

Rezar

No Hoodoo, as rezas são conjurações, magias para encantar o ar, a forma de nos comunicarmos com todos os seres do mundo visível e invisível.

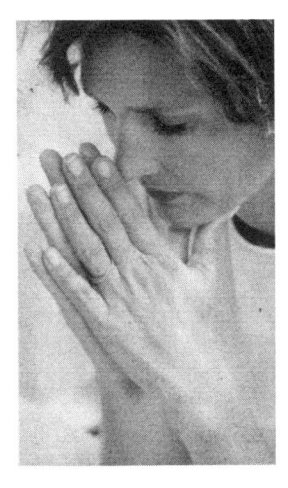

Acreditamos que santos, anjos, gênios e outros espíritos da natureza sempre respondem quando chamados.

Rezas, suplicas, salmos e ladainhas podem ser usados para evocar o que queremos, não pela reza em si, mas pela força oculta contida nela.

A questão é que essas rezas, orações e afins são como chaves energéticas que destrancam portas do mundo espiritual. Algo como aquela frase bíblica que diz: "Peça e receberás". Não é algo explícito; é preciso ver além, sentir, olhar por trás do que está aparente.

No Hoodoo, por não ser uma religião, mas um conjunto de métodos de como trabalhar as forças da magia, não existem orações tradicionais ou fixas. Ainda assim, todos os tipos de rezas, ladainhas e suplicas podem ser utilizadas como método para encantar o ar ou ativar algo em algum lugar.

O praticante de Hoodoo acredita fortemente que as palavras pronunciadas têm grande poder.

- ✦ Para proteção contra todas as forças do mal, conjura-se o Salmo 91.
- ✦ Para cura de todos os tipos de doença, sejam elas naturais ou sobrenaturais, conjura-se o Salmo 23.
- ✦ Para acabar com vícios, Salmo 137.
- ✦ Para atrair dinheiro, Salmo 65.
- ✦ Para afastar as tristezas, Salmo 84.
- ✦ Para se livrar de ondas de azar, Salmo 104.
- ✦ Para casamento em crise, Salmo 46.

Ao final da jornada, Elizabeth Gilbert estava melhor, mais equilibrada, com o corpo mais nutrido, e a fé, renovada. Estava se sentindo mais conectada com sua essência e, por incrível que pareça, também estava noiva...

Gilbert precisou viajar pelo mundo para encontrar o equilíbrio, mas você pode conseguir tudo isso agora, por meio do Hoodoo.

Que suas dicas, ervas, especiarias e conjurações possam ajudá-la a manter ou recuperar o equilíbrio e você possa comer, rezar e amar no conforto do seu lar.

– **Kefron Primeiro**, praticante de Hoodoo e Vodu, professor de Cultura Afro-Americana, psicoterapeuta, terapeuta holístico integrativo. Autor do site Hoodoo Tradicional – Brasil Conjure (www.brasilconjure.com) e proprietário da loja virtual Casa de Hoodoo (www.casadehoodoo.com)

Obeá: Bruxaria Afro-Caribenha

O mundo é um lugar tão bonito e misterioso, e isso se reflete nas muitas e variadas tradições espirituais e mágicas encontradas em todo o planeta. O Obeá é uma dessas práticas.

O Obeá tem origem na África Ocidental, mas pode ser encontrado em toda a região das ilhas do Caribe. Embora algumas das tradições que se enquadram no "guarda-chuva" das Religiões Tradicionais Africanas tenham se tornado mais conhecidas e aceitas, o Obeá permanece sendo algo misterioso.

Então, o que exatamente é o Obeá?

Magia e espiritualidade

O Obeá é um sistema mágico e espiritual vindo da África Ocidental. Foi levado para as ilhas do Caribe na época do tráfico de escravos, quando milhares de pessoas escravizadas foram levadas da África para trabalhar nas plantações de açúcar. Os escravizados haviam perdido tanto – as famílias, as casas, a liberdade – que não é de admirar que se apegassem às suas crenças. À medida que as pessoas escapavam das plantações, muitas vezes ajudadas por povos indígenas das ilhas, suas crenças e práticas se misturavam às das tribos indígenas. Por causa dessa mistura de povos e crenças, hoje, quando olhamos o Obeá no Caribe, podemos ver uma prática muito diferente.

Minha família é da Jamaica, e é essa a forma de Obeá que pratico, mas, mesmo que você conhecesse dez praticantes da mesma região e do mesmo país, veria dez práticas diferentes e únicas! Em parte, isso se deve ao fato de não haver um livro sagrado ou dogma dentro do Obeá, mas também destaca quanto o Obeá é uma prática pessoal e o poder que o praticante tem de determinar como é sua prática. Em poucas palavras, o Obeá é uma prática de trabalho espiritual. Desse modo, o praticante de Obeá busca trabalhar no nível espiritual para resolver questões e problemas ou causar a mudança que deseja ver no mundo.

Divindades e espíritos

Embora os praticantes do Obeá, em geral, acreditem num criador supremo, ele é considerado tão distante da humanidade que é completamente desconhecido para nós. Em vez disso, pedimos a assistência de espíritos que intercedem por nós a ele. Esses espíritos incluem espíritos da natureza, dos mortos e outros. Portanto, o Obeá pode ser descrito como uma religião animista; de fato, o mundo natural está vivo de espírito... não há nada de sobrenatural na magia, porque ela é natural! Dito isso, existem alguns espíritos importantes do Obeá, e é útil a qualquer aspirante a iniciado aprender mais sobre eles.

Fazendo magia

E assim chegamos àquela pergunta tão importante: o que faz um praticante de Obeá? Bem, a resposta depende da pessoa! Eu trabalho com espíritos para provocar mudanças. Mas essa é a mesma resposta que dou quando me perguntam o que faço na minha prática de Bruxaria, então o Obeá é uma forma de Bruxaria? Eu diria que sim, ou, pelo menos, é assim que o pratico. Realizo rituais e magias usando ervas, plantas, minerais, e assim por diante. Trabalho com espíritos e ancestrais. Faço adivinhação usando búzios. Costumo dizer aos meus alunos que muitos dos instrumentos são os mesmos, não importa a tradição ou o caminho, porque simplesmente eles funcionam. Desse modo, podemos ver muitas semelhanças entre a Bruxaria e muitas outras práticas mágicas.

O que torna o Obeá diferente, além dos espíritos individuais, é o treinamento. Já vimos que o Obeá é um caminho que envolve iniciação, a qual é espiritual; no entanto, é importante que o aspirante a praticante de Obeá encontre alguém para se tornar aprendiz. Esse período de aprendizado é vital e envolve a construção de relacionamentos com os diferentes espíritos, bem como aprender a lançar búzios (modo de adivinhação), rituais e as ferramentas do ofício. No entanto, pode ser difícil encontrar um praticante de Obeá para se tornar aprendiz.

Então, o que isso significa para aqueles interessados em aprender a arte? Costumo aconselhar as pessoas interessadas em Obeá a começar desenvolvendo uma prática de ancestralidade. O Obeá é uma prática de trabalho com espíritos, e os ancestrais são espíritos, então faz sentido começar por aqui; afinal, todos temos ancestrais. Para muitas pessoas, trabalhar com os ancestrais é suficiente, mas, para outras, é o impulso extra necessário para se lançar mais plenamente no caminho.

Criando uma garrafa de espírito dos ancestrais

Uma maneira fácil de começar a trabalhar com seus ancestrais é montar um altar simples para eles, que pode incluir fotos, velas e lembranças dos entes queridos falecidos. Também incentivo as pessoas a fazerem e usarem garrafas de espírito dos ancestrais. Elas funcionam como âncoras que permitem que os ancestrais tenham conexão mais profunda aqui no reino terreno, aprofundando, assim, a conexão entre você e eles.

Você vai precisar de:

1. Um pote de vidro limpo com tampa
2. Casca de ovo triturada (que representa a vida)
3. Areia ou terra (que representa o reino terreno)
4. Artemísia ou dente-de-leão seco (associado ao trabalho com espíritos)
5. Alecrim (para lembrança)
6. Itens associados ao ancestral para quem a garrafa é feita. Isso pode ser um objeto, uma flor favorita ou uma joia
7. Uma vela branca

Comece colocando a casca de ovo e a areia no frasco até que ele esteja meio cheio. Em seguida, adicione os outros itens. Coloque a tampa e sele-a com cera de vela. Agora é hora de consagrar o frasco para o propósito específico. Se você já tem uma prática estabelecida, crie um espaço sagrado da maneira que costuma fazer. Para iniciantes, é suficiente limpar o ambiente em que você está antes de acender a vela. Dedique o tempo que precisar à meditação e, quando estiver pronto, comece a evocar seu ancestral. Costumo aconselhar as pessoas a começarem com um ancestral que elas conheceram em vida, pois essa conexão costuma ser mais fácil de estabelecer. Para evocá-lo, você pode entoar o nome dele e a linhagem até onde puder se lembrar. Por exemplo, você pode dizer algo assim:

Sangue do meu sangue, eu te chamo.
Sangue do meu sangue, eu te chamo.
John Doe, filho de Jane Doe e James Doe,
Eu te chamo.
Eu te convido a habitar neste recipiente que preparei para você.
Sangue do meu sangue, eu te chamo.
Sangue do meu sangue, eu te chamo.

Você pode repetir isso como cântico quantas vezes sentir necessário. Quando terminar, mantenha o recipiente no altar dos ancestrais e use-o sempre que desejar dedicar um tempo a eles. Isso pode ser tão simples quanto acender uma vela, evocá-los e deixar-lhes uma oferenda.

O Obeá pode ser, às vezes, um caminho difícil de seguir, mas às vezes as coisas mais desafiadoras também são as mais valiosas.

– Extraído e adaptado de "Obeah: Afro-Caribbean Witchcraft",
de Emma Kathryn, *Llewellyn's 2023 Magical Almanac.*

Boas-vindas à Menopausa

"Bem-vinda, menopausa!", exclamou uma amiga, erguendo uma taça de vinho para mim, quando expressei minhas preocupações de que poderia estar desenvolvendo demência, em razão de vários episódios de "confusão mental". "Como tem sido seu ciclo lunar?", ela perguntou. "Está diminuindo." Engoli o restante do conteúdo da minha taça. "Eu esperava ondas de calor, não insanidade", falei e ri. "É diferente para cada pessoa. Durante um ano inteiro, eu suava em bicas a noite toda", disse ela. "Minha vagina ficou seca, e tive que começar a fazer listas para não me esquecer das coisas." "Ai, Deus..." Na minha imaginação hiperativa, surgiram imagens de uma ameixa enrugada entre minhas pernas. Tremi.

Quando era adolescente, "menopausa" era uma palavra sussurrada entre as mulheres de certa idade da minha família. Essas mulheres, que se reuniam na cozinha da minha avó, eram criaturas estranhas que usavam calças de poliéster com vinco permanente e blusas de moletom com estampas infantis e falsos colarinhos de renda, e todas elas usavam penteados armados e pintavam as unhas de vermelho. Eu as via como mulheres velhas, rabugentas e cheias de segredos (embora, provavelmente fossem mais jovens que sou agora). Eu fiz uma promessa a mim mesma de que nunca seria igual a elas e solidifiquei essa decisão fazendo um pacto com a minha irmã. "Se algum dia eu chegar a um ponto da vida em que comece a fazer permanente no cabelo, usar calças com vinco permanente ou blusas com gola de renda", eu disse, "você precisa me matar na mesma hora." "Combinado", ela disse.

Foi apenas quando estava com 20 e poucos anos que conheci uma mulher chamada Stella. Embora ela fosse mais velha que minhas avós, era forte, confiante e não tinha medo de expressar sua verdade. Ela tinha cabelos grisalhos, longos e presos num coque bagunçado, que, muitas vezes, tinham pedaços de musgo ou galhos aqui ou ali. Ela me ensinou a maior parte do que sei sobre jardinagem, coleta de plantas silvestres e magia. Era curandeira, ativista, artista e Bruxa em todos os sentidos da palavra. Chamava a si mesma de Anciã. Foi por intermédio do conhecimento dela que meu medo de envelhecer se dissipou, e eu soube que receberia as fases da mulher sábia e selvagem de braços abertos.

As faces mutáveis da Deusa Tríplice

A Deusa Tríplice reflete as fases da Lua (ou estações) e simboliza as fases da vida. A Donzela é a Lua crescente (a primavera) e novos começos – é deslumbramento e demonstra entusiasmo por tudo o que escolhe manifestar. É vivaz, sociável e vive pronta para enfrentar o mundo. A Mãe representa a Lua cheia (o verão) e um espírito guerreiro. É empoderamento e fertilidade (seja como mãe literal ou dando à luz ideias e oportunidades). Ela nutre tudo o que toca até a plenitude. A Anciã é representada pela Lua minguante (inverno) e personifica a sabedoria. É nessa fase que ela circula sem esforço entre os mundos. Vai além do reino do eu, pois tem confiança em seu poder.

Para ser bem sincera, como mulher na casa dos 50 anos, eu não tinha certeza se estava pronta para me considerar Anciã. Alguns acham que a transição para a fase de Anciã começa treze meses após o último ciclo lunar; outros dizem dois anos. Astrologicamente, sugere-se que um rito de passagem para a fase de Anciã seja realizado durante o segundo retorno de Saturno na vida da pessoa (entre 58 e 60 anos). Já participei de muitos ritos de passagem em que uma Anciã fez a transição na casa dos 70 anos e de alguns poucos em que a celebrante estava com 40 e poucos. Isso faz sentido, uma vez que a expectativa de vida era muito mais curta em tempos passados.

Nos últimos anos, no entanto, uma nova fase foi adicionada, e foi essa que ressoou comigo. A Maga (feminino de Mago) foi colocada entre a Mãe e a Anciã e reflete a estação do outono da vida, que representa aquelas mulheres que estão entre os 40 e tantos anos e o início dos 60. As Magas se sentem confortáveis na própria pele e representam foco, intuição e celebração. Elas se permitem a cura e a aceitação e anseiam por compartilhar seus dons únicos. Para as mulheres nessa fase da vida, a menopausa é real, e seus sintomas não são brincadeira. Mas as Magas, ao contrário de suas avós, não reprimem mais suas energias naturais e as emoções que acompanham essa transição.

Como encarar a palavra que começa com "m"

A menopausa marca o fim do ciclo lunar (menstrual) de uma mulher e ocorre quando os ovários não produzem mais estrogênio e progesterona. É uma transição que ocorre em três fases, e os sintomas que associamos à menopausa, que podem variar de extremamente leves a muito fortes, ocorrem, na realidade, na primeira fase, conhecida como "perimenopausa". A perimenopausa entrou na minha vida por volta dos 50 anos. Foi quando meu ciclo lunar se tornou irregular – fluxo leve em um mês, seguido por fluxo excessivamente intenso ou nenhum fluxo. Outros sintomas que me afligiram foram a oscilação emocional, a irritabilidade e o ganho de peso. Mas as flutuações nos hormônios também podem causar ondas de calor, ressecamento vaginal, coração acelerado, dores de cabeça, dificuldade para dormir, suor, diminuição do desejo sexual e relação sexual dolorosa. A duração média da perimenopausa é de aproximadamente quatro anos.

É importante durante esse período ter alimentação saudável e rica em nutrientes, fazer exercício físico e tentar limitar o consumo de cafeína. Permita-se o luxo de cuidar de si mesma. Pratique meditação, yoga e *mindfulness*. Faça longas caminhadas pela praia ou no seu parque favorito. Aprenda uma nova habilidade ou retome um antigo *hobby* que você amava antes de a vida ficar tão agitada. E adivinhe só? É normal sentir tristeza pela perda desse ciclo que estava tão bem sincronizado com o ciclo da Lua, com suas fases crescentes e minguantes. Lembro-me do momento em que a constatação de que a menopausa estava realmente acontecendo me atingiu. Saí ao ar livre e fiquei sob a luz de uma Lua cheia, perto da beira de um rio, e chorei. Joguei pedrinhas na água e gritei para o Universo. Quando terminei, senti-me melhor. Um alívio me envolveu, e logo fui capaz de abraçar os ritmos naturais do meu corpo e encontrar uma nova liberdade.

A menopausa é a segunda fase da transição menopausal e ocorre quando o ciclo lunar está ausente por doze meses. Isso indica o fim da capacidade reprodutiva. Mas não pense que a história acaba aí. Você pode continuar a sentir sintomas leves em decorrência da diminuição dos hormônios. A seguir, você encontrará uma lista de ervas que podem ajudar a aliviar seus sintomas e uma receita de chá de ervas que considero um abraço caloroso da natureza.

A pós-menopausa é a terceira fase da transição menopausal e ocorre desde a menopausa até o fim da vida da pessoa. Alguns sintomas ainda podem ser sentidos, mas tendem a desaparecer por completo, em alguns anos, para a maioria das mulheres. Para nossos antepassados, isso era o começo do fim (graças à expectativa de vida mais curta). Hoje, uma mulher saudável pode desfrutar de quase tantos anos de vida após a menopausa quanto antes dela. Então, celebre sua nova liberdade!

O adeus ao ciclo lunar

Este ritual simples pode ajudar você a abraçar o próprio corpo em transformação enquanto passa pelas fases da menopausa. Faça-o durante um dos ciclos menstruais decrescentes.

Você vai precisar de:

1. Vela preta
2. Pequena quantidade do sangue menstrual ou tinta vermelha para imitá-lo

Unte a vela preta com o sangue ou a tinta vermelha. Coloque uma música favorita, acenda um incenso e fique confortável. Ao acender a vela, agradeça ao seu corpo seus ritmos naturais. Reflita sobre o bom, o ruim e o feio que vieram com o ciclo menstrual. Não tenha medo de rir alto ou chorar lágrimas quentes e furiosas. Lembre-se de que seu corpo serve bem a você e sabe quando é hora de fazer a transição. Deixe a vela queimar até o fim. Permita-se aceitar sua nova fase.

Ervas que ajudam na menopausa

Cohosh negro ou cimicifuga racemosa: pode ajudar a reduzir o ressecamento vaginal e as ondas de calor.

Ginseng: pode ajudar a reduzir a ocorrência e a gravidade das ondas de calor e os suores noturnos.

Chá verde: fortalece o metabolismo ósseo e ajuda a diminuir o risco de fraturas, especialmente em pessoas que estão passando pela menopausa.

Lavanda: pode ajudar a amenizar as oscilações de humor e auxiliar na insônia.

Raiz de alcaçuz: pode reduzir a ocorrência de ondas de calor em mulheres que estão entrando na menopausa. Também pode ter efeitos semelhantes ao estrogênio.

Folha de framboesa vermelha: pode diminuir fluxos menstruais intensos, especialmente os que ocorrem no início da perimenopausa.

Trevo vermelho: pode aliviar ondas de calor e os suores noturnos.

Rosa: pode amenizar os sintomas associados à menopausa, cólicas e oscilações de humor.

Valeriana: pode ajudar com insônia, ansiedade, dores de cabeça e estresse.

Chá SUAVE PARA A MENOPAUSA

2 partes de folhas de framboesa
1 parte de pétalas de rosa
½ parte de gengibre seco
½ parte de raiz de alcaçuz moída
½ parte de raiz de cohosh negro

Deixe as ervas em infusão em água quente por aproximadamente 5 minutos. Aprecie com um pouco de mel.

Boas-vindas ao outono

Elas são as mulheres sábias, as Anciãs, as rainhas das bruxas, as feiticeiras cuja experiência, sabedoria, beleza e poder merecem ser celebradas. A figura da Anciã ou Maga moderna não é mais estigmatizada com a de uma mulher desinteressante, que perdeu a força feminina por causa da idade. A Anciã moderna supera seus medos e assume seu poder. As pessoas são atraídas por sua coragem, seu conhecimento e sua beleza, e só vêm sua autoconfiança.

Tive a sorte de usar uma coroa de folhas tecida por uma das minhas melhores amigas, que usou o septuagésimo aniversário como plataforma para sua cerimônia de coroação. Juntas, planejamos o ritual e escrevemos o roteiro (o que é importante, por isso não incluí um roteiro no ritual a seguir). Fiquei de pé no quadrante do outono e chorei quando ela me entregou um lindo ovo tingido de preto, o qual ela carinhosamente cobriu com palavras de sabedoria e poder. Foi uma experiência mágica para todas nós.

– Extraído e adaptado de "Letting Go of the Moon: Embracing Elder Energy after Menopause", de Monica Crosson, *Llewellyn's 2023 Magical Almanac*.

Magia urbana e feitiços de encruzilhada

A magia das Encruzilhadas

O que torna as cidades especialmente poderosas? As encruzilhadas. A maioria das cidades é cheia delas! Encruzilhadas são condutos energéticos e locais potentes para a conjuração.

As encruzilhadas são misteriosas e enraizadas na magia antiga. Elas marcam o espaço onde canais de energia se cruzam. Simbolicamente, a encruzilhada marca a interseção do mundo visível e do invisível. Esses lugares liminares também marcam o limiar entre o passado e o futuro. É o espaço intermediário entre o que já foi e o que logo será. O destino depende da escolha pessoal que você faz quando as estradas convergem. Sua estrada é o caminho que você escolheu. Quando dois caminhos se cruzarem e uma nova opção for apresentada, você vai continuar em frente ou ajustar seu curso?

As encruzilhadas são, historicamente, repletas de lendas em torno do lugar onde duas realidades alternativas se encontram. As encruzilhadas eram lugares perigosos, antes do advento da tecnologia. Não havia GPS para nos ajudar, depois de passarmos duas horas na nossa charrete, seguindo na direção contrária, em consequência de uma conversão errada. Bandidos e ladrões muitas vezes ficavam à espreita em lugares em que os viajantes desavisados poderiam ser pegos desprevenidos.

Feitiços de Encruzilhada

As encruzilhadas são úteis para lançarmos feitiços e dissiparmos a energia. Por exemplo, você pode deixar uma carta mágica de intenção ou um pedido numa encruzilhada. Como alternativa, você pode garantir uma limpeza mágica responsável depositando sobras de um feitiço numa encruzilhada. Eu explico. Tocos de vela, sal, água, cascas de ovos ou quaisquer restos de feitiços podem ser queimados ou enterrados numa encruzilhada, ou depositados numa lixeira que fique nesse local.

Leve sua magia de encruzilhada um passo adiante, utilizando a energia de um determinado bairro. Faça encantamentos para ter mais estilo e glamour num bairro com muitas lojas de grife. Lance um feitiço para conjurar viagens futuras perto de uma rodoviária ou aeroporto. Faça magias para ter mais poder pessoal perto de prédios do governo. Faça trabalhos espirituais em favor da paz e da serenidade perto de parques, praças e chafarizes.

Feitiço para movimentar sua vida financeira

Realize este feitiço quando quiser um ganho financeiro inesperado ou aumentar o saldo da sua conta bancária, seu poder de compra e seu potencial de ganhos.

Você vai precisar de:

1. Água
2. ½ pepino
3. Folhas de hortelã fresca
4. 4 moedas brilhantes

Uma encruzilhada de 4 vias num centro financeiro (ou perto de um banco)

Os centros financeiros tendem a estar cheios de uma energia específica. Executivos de terno e sapatos engraxados, executivas de roupa social e salto alto, acionistas poderosos e profissionais do mercado financeiro. Deixe a energia dessas pessoas preenchê-la enquanto lança este feitiço para a prosperidade.

Prepare uma infusão potável enchendo ¾ de um copo com água. Corte a casca verde do pepino. Ao descascá-lo, imagine que, assim como a casca do legume, qualquer medo ou mau hábito que você tenha com relação a dinheiro esteja sendo descartado. Fatie o pepino em rodelas finas, imaginando que elas são moedas. Ao depositar as rodelas na água, imagine que está depositando dinheiro na sua conta bancária. Cubra as rodelas com gelo e leve à geladeira por 45 minutos. Imagine o dinheiro crescendo. Reflita sobre todas as maneiras pelas quais você investirá, economizará e compartilhará o seu dinheiro. Retire a infusão após 45 minutos, adicione folhas de hortelã fresca e beba.

Leve 4 moedas até um cruzamento do principal centro financeiro da sua cidade. Começando pelo leste e seguindo no sentido horário até o norte, coloque uma moeda em cada esquina do cruzamento. À medida que você coloca cada moeda, diga:

> *Dinheiro, dinheiro, venha me visitar.*
> *Sempre estarei onde você quiser estar.*

Quando você colocar sua última moeda, vire para o norte e caminhe em direção a um futuro de muita alegria e abundância financeira.

Feitiço da encruzilhada para terminar um relacionamento ou acabar com um comportamento negativo

Todos nós enfrentamos momentos em que precisamos terminar um relacionamento ou pôr fim a um padrão de comportamento prejudicial. Este feitiço ajudará você em sua jornada de cura. Ele não prejudica ninguém quando executado com um coração pacífico. É só uma maneira gentil de cortar o cordão energético entre você e a outra pessoa ou comportamento negativo.

Você vai precisar de:

1. Chá morno
2. Vela
3. Caneta
4. Papel
5. Pétalas de rosa desidratadas (Adquira o hábito de desidratar flores para usar em feitiços assim que elas começarem a murchar!)

Encruzilhada de 4 vias com um semáforo ou quatro placas de "Pare"

Providencie um período de pelo menos 30 minutos em que não será incomodada. Prepare uma xícara do seu chá favorito e acenda uma única vela. Quando acender a vela, concentre-se na chama e imagine-se brilhando. Pegue a caneta e o papel e escreva uma carta de despedida à pessoa ou comportamento negativo. Registre quaisquer palavras ou sentimentos não ditos, sua gratidão por ter vivido essa experiência com essa pessoa ou comportamento, os motivos pelos quais se separar ou mudar esse comportamento é a melhor maneira de você cuidar de si mesma.

Leve essa carta e um bolso cheio de pétalas de rosa desidratadas para a encruzilhada de quatro vias, com um semáforo ou quatro placas de "Pare". Use um GPS para se aproximar da encruzilhada pelo sul e avance em direção ao norte. Desse modo você estará avançando em direção à sua verdade mais elevada. Imagine a pessoa ou o comportamento ao seu lado. Ao chegar à esquina, imagine-se dizendo adeus a eles. Concentre-se na placa de "Pare" ou espere o semáforo ficar vermelho. Concentre-se na cor vermelha. Veja, ouça ou diga a palavra "Pare". E, com o olho da mente, observe a pessoa ou comportamento virar à esquerda e ir embora noite adentro.

Continue em frente e atravesse a rua com segurança e continue avançando na direção norte. Deposite a carta não endereçada numa esquina. Concentre-se mais uma vez na placa de "Pare" ou no semáforo vermelho. Veja, ouça ou diga a palavra "Pare". Junte um punhado de pétalas de rosa e espalhe-as atrás de você enquanto se afasta da encruzilhada, continuando na direção norte e dizendo:

> *Acabou; agora está feito.*
> *Me libertei do que estava amarrado.*
> *Sigo em frente, finalmente livre.*
> *Liberta das amarras do passado.*

– Extraído e adaptado de "City Magic and Crossroad Spells", de Sasha Graham, *Llewellyn's 2023 Magical Almanac*.

A Rede Wiccana

"Faça o que quiser, mas não prejudique ninguém.

Essa é a Rede Wicanna.

Seja o que for que eu desejar,

Seja o que for que eu pedir aos deuses,

Seja o que for que eu faça,

devo ter certeza de que não prejudicarei ninguém –
nem a mim mesma.

O que ofereço voltará a mim triplicadamente.

Eu me doei – minha vida, meu amor –
e serei três vezes recompensada.

Mas, caso eu faça qualquer mal, a mim ele também retornará,
três vezes multiplicado".

– Extraído e adaptado de
O Livro Completo da Bruxaria,
Raymond Buckland.